8D 보고서

Structured Problem Solving Methodology

8D 보고서

문제 해결 능력,
8D 보고서를 보면 알 수 있다

류춘우 지음

마음시회

Prologue

문제 해결 방법론의
새로운 시각

2000년대 초 글로벌 고객으로부터 처음 8D 보고서 요구를 접하였다. 이후 문제 해결 보고서의 대명사로 산업 전반에 걸쳐, 3차 공급망(3rd Tier)까지 8D 보고서가 널리 사용되는 것을 보아왔다.

지금은 충분히 알려져 있다고 생각하는 8D 보고서인데 막상 내용을 들여다보면 실망스러운 점이 있다. 8D를 제대로 이해하고 작성한 사례가 많지 않기 때문이다. 우선 작성 기술의 미숙함이나 논리 전개의 부자연스러움이 두드러진다.

무엇보다 근본 원인을 규명하여 문제가 완전히 해결되었다는 확신을 가질 수 있는 보고서가 드물다. 이런 현상으로 말미암아 8D 보고서가 조직의 문제 해결 역량을 판단하는 개략적인 기준처럼 보이기도 한다. 단편적이지만 조직이 자신있게 내세울 수 있는 8D 보고서 몇 편만 봐도 문제 해결 역량을 엿볼 수 있다.

즉, 문제 해결 프로세스에 관한 조직의 현재와 가까운 미래를 판단할 수 있는 1차적인 바로미터가 바로 8D 보고서이다.

오랜 시간 현업에서 일할 때는 직무 필요성 때문에 8D 보고서를 직접 작성하기도 했고, 지도하기도 했다. 2016년 이후 경영 컨설팅 일을 시작하면서는 경험에 입각하여 8D 보고서 작성과 문제 해결 방법론을 나름대로 체계화하고자 노력하였다.

때마침 2016년 <자동차 품질경영시스템(IATF16949)>의 개정판을 삼성전자㈜ 세 곳 사업장에서 지도하게 되었고, 연계 과정으로 8D 보고서 강의도 제안할 기회가 있었다. 그 제안은 해당 부문의 중요 정책과 만나면서 일정 기간 8D 보고서 강의와 일부 컨설팅으로 이어지게 되었다.

이후 약 4년간 삼성전자 외 삼성SDI, SK하이닉스시스템IC, 삼성전기, QRT 등 여러 회사에서 특강과 실무 과정을 진행하였다. 그러나, 개념 정립을 위한 짧은 강의와 실습이 포함된 하루 이틀의 교육 과정으로는 의도한 8D 내용을 만족스럽게 담아내기 어려웠다. 실습 시간도 빠듯했지만 8D의 기본 개념을 설명하느라 강의시간을 오래 붙잡고 있을 수도 없었다. 늘 아쉬움이 남던 그 부분은 3년간의 집필 끝에 그나마 책으로 풀 수 있게 되었다. 특히 이전에 강의를 접하지 못했거나 8D가 생소한 분들께는 문제 해결 방법론의 새로운 시각을 제공할 수 있게 되어 기쁘다.

8D 보고서는, 실습 또는 실전에 부딪힐 때 습득이 빠르지만 8D 개념부터 먼저 정확하게 이해하는 것이 중요하다. 조직 전반의 문제 해결에 참여하는 구성원들은 필수적으로 알아야 한다고 생각한다. 특히 사회생활을 준비하거나 막 시작하는 신입 구성원들의 문제 해결 마인드셋에 도움이 될 수 있다. 이들에게 8D 방법론의 기초를

가르치는 것은 뒤에 거둘 수확을 위해 미리 씨앗을 뿌리는 일과 같다. 이는 조직의 현재와 미래를 동시에 준비하는 일이기도 하다.

책을 쓰는 내내 머리속에 떠오르는 분들이 참으로 많았다.
우리나라를 선진국 반열에 올려놓은 이 땅의 선후배 엔지니어 분들께 이 책을 가장 먼저 바친다. 몸담았던 회사의 대표 이사님들과 동료 선후배 분들께 각별한 감사의 말씀을 올린다. 그분들이 아니었더라면 이 책은 아마도 세상의 빛을 볼 수 없었을 것이다.
인생 2막, 경영 컨설팅이란 새로운 영역에서 인연을 맺게 된 영국표준협회(BSI) 코리아의 전 대표이셨던 이종호 위원님, BSI 교육 팀, CPG인증원의 홍성표 원장님, KPMC(주) 안방환 대표이사님과 동료 위원님들께도 깊이 감사하다. 정기교육에 다년간 참여할 수 있도록 지지해준 삼성전자㈜, SK하이닉스시스템IC㈜, NEPES㈜ 교육 담당자와 관계자님들께도 특별한 고마움을 전한다.

몇 해 전 세상을 떠난 어머니, 묵묵히 저를 지켜보시는 아버지, 그리고 늘 나를 든든히 지지해주고 응원해주는 아내와 아이들에게 사랑한다고 말하고 싶다.

2024년 7월 **류춘우**

contents

프롤로그 4

Chapter 1
일 잘하는 사람의 문제 해결 도구, 8D

리스크와 문제 19
일어나기 전 문제 일어난 문제 21
문제 개선의 4가지 방식 23
시정/시정 조치/예방 조치/지속적 개선
8D란 무엇인가? 29
8D 프로세스와 8D 보고서의 의미 30
8D는 누가 사용하나? 32
8D를 왜 사용하나? 35
8D는 언제 어디에 사용하는가? 39
우연 원인과 이상 원인 42
8D를 어떻게 사용하나? 44
8D를 사용하지 않으면? 46
8D와 FMEA의 차이점 50

Chapter 2
문제를 해결하는 8단계

D0 단계(증상 파악), 문제를 대하는 태도가 결정한다 55
긴급 대응 조치(ERA)/의사 결정의 단계를 낮추라/
문제를 대하는 태도가 결정한다

D1 단계(팀 구성), 팀 구성은 겉치레 형식이 아니다 66
상시 가동팀을 활용하라/개선 팀도 위계 구조가 있다/
팀 구성 시 책임과 권한을 명확히 하라

D2 단계(문제 정의), 서로 동의해야 한다 76
5W2H로 간단 명료하게 기술하라/정확한 현상 파악의 조건/
골든 타임 24시간이 중요하나/귀색이 어디에 있는지 명확히 정의하라

D3 단계(임시 조치), 불부터 끈다 93
저지선을 구축하라/2차 피해를 막아라

D4 단계(원인 분석), 3X 5Why로 증명한다 98
유출 원인/공정(발생) 원인/시스템 원인/원인 분석 성공의 조건/
작업자 실수(Human Error)는 근본 원인일까?

D5 단계(영구 대책), 영구 대책은 과연 영구적일까? 116
가장 빠른 방법, 저비용의 검증 방법 선택/100% 전수 검사는 영구 대책인가/
영구 대책의 대부분은 영구적이지 않다/
원인과 대책의 메커니즘은 납득이 되는가?/
고객은 공정 변경 통지(PCN)를 원한다

D6 단계(유효성 검증), 잔여 리스크를 파악한다 122
유출 원인에 대한 유효성 검증/ 공정(발생) 원인에 대한 유효성 검증/
시스템 원인에 대한 유효성 검증/유효성 검증 순서와 절차/
Verification과 Validation의 차이/감염 제품의 판정

D7 단계(재발 방지), 반드시 표준화를 한다 137
관리계획서(CP)와 기술 표준의 제 개정/관리 프로세스의 제 개정/
FMEA와 교훈/7D 보고서와 PCN 완료

D8 단계(포상 및 팀 해산), 품질 비용으로 기록하고, 공유한다 142
8D 과정을 복기하라/문제 해결 기여도/
성과 지표는 두 가지이다/품질 비용(COQ)으로 정리하라/
경영 회의에서 검토하라

Chapter 3
8D 전개 시 유용한 관리 기법과 도구

일의 방식과 기본 도구의 습득 155

D0 단계(증상 파악) 관리 기법과 도구 157

리스크 관리 프로세스/기본(넌센스) 불량 관리/비상 연락망 체계

D1 단계(팀 구성) 관리 기법과 도구 165

지속적 개선 팀 활용/경영 관리 지표 활용

D2 단계(문제 정의) ~ D6 단계(유효성 검증) 관리 기법과 도구 169

프로세스 맵핑(Process Mapping)/히스토그램 & 파레토 차트/

상관성, 비교 분석(Correlation, Comparison)/관리도와 체크시트/

공정 능력 지수(CP, Cpk)/FTA(Fault Tree Analysis)/

5W2H/생선 뼈 도표 & 브레인스토밍/산점도(Scatter plot)/

층별(Stratification) 분석/3X 5Why/Is와Is-Not/

실험 계획법(DOE: Design Of Experiment)/

수평 전개

D7 단계(재발 방지) 관리 기법과 도구 200
설계 도면(Drawing)/
관리계획서(Control Plan)/
단위 공정 표준서(Unit Process Specification)/
프로세스(Process)와 절차서(Procedure)/
FMEA(Failure Mode Effect Analysis)/
교훈(Lesson Learn)/
제품 반송 승인(RMA) Sheet
D8 단계(포상 및 팀 해산) 관리 기법과 도구 214
8D 마스터 목록(Master List)/
제안 제도/8D 완료 보고서/
경영 검토 보고서

Chapter 4
8D 보고서 작성 가이드와 10원칙

8D 보고서 양식 223

유형1-모든 문제 해결에 적용

유형2-복잡하거나 고객 문제 해결에 적용

유형3-기술적 문제를 FMEA와 연계할 때 적용

유형4-단순 명확한 문제 해결에 적용(One Page 보고서)

유형5-시정 조치 요구서의 기능 필요 시 적용

8D 보고서 작성 가이드 236

커버 페이지(Cover Page)/목차/요약(또는 개요)/

D1 팀 구성/D2 문제 정의/D3 임시 조치/D4 원인 분석/

D5 영구 대책/D6 유효성 검증/D7 재발 방지/

D8 포상 및 팀 해산/첨부 페이지

교훈 목록 운영 265

8D 보고서 평가 시트 267

8D 보고서 성공 10원칙 271

1원칙| DB(Data Base)를 구축하고 사전에 양식을 정하라/
2원칙| 어떤 경우에 쓸 것인지 정하라/
3원칙| 왜 쓰는지를 자각하라/
4원칙| 누가 읽는지 최종 승인자를 확인하라/
5원칙| 타이밍을 기획하라/
6원칙| 증거 기반으로 작성하라/
7원칙| 실행할 수 있는 약속(대책)만 기록하라/
8원칙| 제출 전에 검토하고 확인하라/
9원칙| 본질은 개선을 통한 예방이다/
10원칙| 보고서는 나와 회사의 수준을 나타낸다
문제를 해결하는 사람이 예방도 한다 292

에필로그 296
용어 해설 300

Chapter 1

일 잘하는 사람의 문제 해결 도구 8D

일 잘하는 사람의 능력에는 여러 가지가 있다. 어떤 위치에서 어떤 일을 하는가에 따라 차이는 있지만 보편적으로 중요하게 생각하는 능력 중 하나가 문제 해결 능력이다. 주어진 업무 환경에서 일하는 동안 늘 그림자처럼 따라와 엄청난 스트레스로 나와 조직을 위협하는 갖가지 문제들. 일 잘하는 사람이라면, 그 문제들을 쉽게 다루고 해결할 수 있는 능력을 당연히 갖추어야 하지 않을까? 그 답을 8D라는 구조적 문제 해결 방법론에서 찾아보자.

리스크(Risk)와 문제(Problem)

'리스크'는 위험이라고 번역하기보다 그냥 리스크로 부르는 편이 더 좋다. 위험으로 부를 경우 'Danger'라는 단어가 먼저 떠오를 수 있기 때문이다.

리스크는 잠재적인 위험성 또는 불확실성의 영향을 말하며, 방치하게 되면 결과가 안 좋을 수 있다는 부정적인 영향을 의미한다. 위험(Danger)은 리스크의 실체가 점점 드러나면서 위해성이나 손실이 바로 가까이 와 있다는 감지 상태를 의미한다. 그래서, 리스크와 위험은 조금 다른 의미가 있으므로 구분해서 사용하는 것을 권한다.

'문제'는 잠재적 부정적인 영향이 실제로 해로움이나 손실이란 결과로 내 눈앞에 나타난 것을 말한다. 즉 리스크가 다소 편안한 상태에서 관망하거나 대비할 수 있는, 위험이 곧 들이닥칠 수 있다는 불안하고 임박한 상황이라면, 문제는 리스크가 실제 현실로 나타나 해결해야 하는 상황을 의미한다.

어떤 드라마에서, 목사라는 신분의 두목이 조직에 첩자가 있음을 감지하고선 샅샅이 찾아내라고 명령했다. 그러면서, 그로 인해 우리 조직이 위험에 빠질 수 있다고 부하들에게 경각심을 일깨우며 독려하였다.

그 두목은 조직의 리스크를 감지하고, 위험요소를 미리 제거함으로써 문제가 일어나지 않도록 조치하였지만 결국 문제에 봉착하고 말았다. 문제를 유발하고, 그 다음 권선징악으로 마무리되게끔 설정된 드라마지만 실제상황이라면 어떠했을까? 리스크가 위험으로, 위험이 문제로 발전하는 과정에서 어떤 방법으로 어떤 조치를 취하는 게 필요했을까?

문제 해결 관점에서 잠시 그 두목의 입장이 되어보았다. 조직에 드리운 위험의 그림자를 다루는 방법과 문제 봉착 과정을 8D와 연계하였더니 언뜻언뜻 위험에 처할 수밖에 없는 허점들이 보였다. 이처럼 허점들을 쉽게 예측하고 찾아내는 조직은 평상시 리스크 관리와 위험에 대비하는 준비가 잘 되어 있다고 볼 수 있다.

문제 발생 예측이 쉬울 경우, 드라마는 긴장감이나 극적인 재미가 반감되는 평이한 것이 된다. 하지만 실제 조직에서는 문제가 쉽게 발생하지 않는 안정된 상태라는 것을 인지하자.

일어나기 전 문제
일어난 문제

문제의 상태는 시점으로 나누어 '일어나기 전 상태'와 이미 '일어난 상태'로 구분할 수 있다.

 '일어나기 전 문제'는 잠재적 리스크라 하고, 그 리스크 중 크기가 큰 것을 위험으로 판단한다. 리스크의 크기 즉, 위험성을 판단하는 기준은 문제가 발생했을 때의 심각도, 문제가 어느 정도 발생하는지의 발생도, 그리고 문제가 외부로 유출되지 않도록 하는 검출도로 보통 평가한다. 따라서, '일어나기 전 문제'는 문제를 해결하는 조치가 아니라 문제가 발생하지 않도록 예방하는 차원에서 미리 조치를 취하여야 한다.

 '일어난 문제'는 불확실성의 영향이 문제로 드러난 것이다. 리스크가 크든 작든 아예 리스크로 보지 않았던 일이 예기치 않게 부정적인 결과로 나타난 것이다. 따라서, '일어나기 전 문제'와 '일어난 문제' 두 가지의 조치 방법은 각각 다르다.

'일어나기 전 문제'는 문제가 발생하지 않도록 예방하는 활동이고, '일어난 문제'는 예방 조치와 다르게 일어난 문제를 해결하고 다시는 재발하지 않도록 시정 및 시정 조치를 하는 활동이다.

대표적인 예방 조치의 기법이 'FMEA(Failure Mode Effect Analysis)'라는 잠재적 고장 유형 영향 분석이라면, 대표적인 문제 해결의 기법은 '8D(Discipline)'라는 구조적 문제 해결 방법론이다. 이 두 가지 방법론 즉, FMEA와 8D의 연계성은 3장 'D7단계(재발 방지), 관리기법과 도구'에서 좀 더 상세하게 소개하도록 하겠다.

문제 개선의
4가지 방식

문제 예방과 개선하는 방식은 크게 4가지 유형으로 분류할 수 있다.

시정

문제 발생 즉시 문제 현상을 제거하는 행위 또는 활동이다.

시정은 8D의 D3 임시조치에 가까우며, 원인이 무엇인지 당장 따지거나 절대 시간을 지체해서는 안 된다는 것이 핵심이다. 잘못된 현상을 바로잡는 데 우선 집중해야 한다.

불이 나면 즉시 불부터 끄고, 사람이 다치면 응급조치부터 하고, 불량이 발생하면 즉시 고객에게 유출되지 않도록 고객을 보호하는 행위가 '시정'이다. 단순한 문제는 시정으로만 곧바로 종결될 수 있기도 하지만 분석을 통해 문제의 근본 원인을 찾아 대책을 수립해야 하는 행위로 이어질 수도 있다.

시정 조치

일어난 문제의 근본 원인계를 제거하는 행위 또는 활동이다.

시정 조치는, 8D의 D4 근본 원인과 D5 대책 수립에 가까우며, 문제 현상의 발생 원인계를 찾아 근본 원인을 제거하는 문제 해결 방법이다.

불이 난 원인이 무엇인지 조사하고, 사람이 다친 원인을 진단하고, 불량 발생의 원인을 분석하여 근본 원인에 대한 대책을 수립하여 재발하지 않도록 하는 것이다.

8D 보고서의 8D는, 이러한 시정과 시정조치를 모두 포함하는 대표적인 문제 해결 방법론이며, 그 절대적인 성과 목표는 재발 방지다. 즉 한 번 일어난 문제는 유사한 문제를 포함하여 다시 일어나지 않도록 근본 원인을 제거하도록 조치하는 것이다.

예방 조치

잠재적인 문제를 발굴하여 일어나기 전에 미리 예방하는 행위 또는 활동이다.

시정과 시정 조치가 '일어난 문제'에 대한 해결 방법이라면 예방 조치는 '일어날 수 있는 문제'에 대해 일어나지 않도록 미리 조치하여 문제를 예방 관리하는 방법이다.

문제 예방 방법으로 가장 많이 알려진 도구가 FMEA이다. FMEA는 기술적인 리스크를 관리하는 방법 중 하나로 잘 알려져 있다. 제품 설계와 공정 개발 단계에서 제품과 공정의 잠재적 고장 유형을 파악하여 상위 시스템 또는 고객(제품 사용자)에 문제가 발생하지 않도록 미리 예방 조치를 취하는 방법이다.

예방 조치를 했음에도 관리 부족 또는 예상하지 못한 원인으로 문제가 발생할 경우 8D를 통해 문제를 해결한다. 문제의 근본 원인을 찾아내고 수립된 근본 대책이 유효하다고 증명이 되면 그 대책을 FMEA로 다시 연결하여 FMEA 문서 제개정을 한다. 그래서, 이 두 가지 방법론은 예방과 해결, 해결과 예방이라는 접점에서 연계성을 가진다고 볼 수 있다.

예방 조치한 결과, 문제가 발생하지 않으면 예방 조치 활동을 잘한 것이다. 문제 발생 시 시정 조치한 결과, 그 문제가 재발하지 않으면 시정 조치를 잘한 것이다. 즉, 8D와 FMEA는 지속적인 개선 활동의 도구들로 상호 보완의 관계를 이루면서 사용할 수 있다.

지속적 개선

문제 예방과 개선 활동을 평상시 지속적으로 실천하는 행위 또는 활동이다.

문제의 유형은 다양하다. 단기적이고 사고(Trouble) 성격의 문제도 있지만 장기적이고 고질적인 문제도 있다. 당장 시급하게 해결해야 하는 문제도 있고, 시간이 걸리기 때문에 지속적으로 끈질기게 개선해 나가야 하는 문제도 있다. 단기적인 문제든 장기적인 문제든 중요한 것은 조직 내에 지속적 개선 활동을 위해 사용하기로 규정한 도구나 방법이 있느냐 하는 것이다.

지속적 개선 활동은 주기성이 가장 중요하다. 비주기적으로 실시하는 개선 활동은 지속적인 개선으로 평가하기 어렵다. 간혹 주기성을 가지지 않고 개선 활동을 할 때도 있고 하지 않을 때도 있다. 그것은 비주기적 간헐적으로 제조 활동이 이루어지는 경우이다. 그렇지만 제품의 흐름 관점에서 제조가 이루어지지 않더라도 고객 만족 활동 등 경영 시스템이 작동하고 있기 때문에 지속적 개선 활동은 글자 그대로 지속적으로 전개되어야 한다. 제조를 안 한다고 해서 개선 활동을 비주기적으로 해도 된다고 판단하는 것은 위험하다.

대표적인 주기적 개선 활동은 생산 회의, 품질 회의, 기술 회의, 개발 회의 또는 경영검토 회의와 같은 회의체를 예로 들 수 있다. 팀을 구성하고 개선 주제에 따라 활동의 범위와 대상을 선정한다. 해당 지표 추이(Trend) 또는 성과 분석을 통해 고객의 요구 수준 또는 조직의 목표 수준을 달성하고 있는지 주기적으로 검토하고 개선해 나가는 것이다. 그러나 주기적으로 회의를 했다는 그 자체만으로 지속적인 개선 활동을 잘 하고 있다고 평가해서는 곤란하다.

지속적 개선 활동은 그 활동을 위해 어떤 도구를 사용하느냐가 중요하다. 회의록이나 체크시트는 문제나 고장 개선의 도구로 보기엔 부족하다. 개선 대상 선정, 목표 수립, 개선 활동과 결과 도출에 이르는 과정에서 어떤 정해진 방법 또는 도구를 사용하는지 분명 제시가 되어야 한다. 지속적인 개선 활동의 증거로 회의록, 분석 자료 또는 경향성(Trend) 데이터 등이 나오겠지만 객관적인 입장에서는 이를 지속적 개선 활동의 충분한 증거로 평가하지는 않는다.

지속적 개선 활동의 결과물은 글로벌 고객이 이해하고 있는 방법론으로 전개되었는지 증명하는 것이 필요하다. 고객은 조직의 지속적인 개선 활동 도구로 그들이 잘 알고 있는 8D나 FMEA를 사용하기를 원한다. 그 활동의 결과, 예측하고 경험하는 모든 리스크와 문제를 조직의 교훈으로 모아 데이터 베이스화를 이루고 있는지를 보고싶어 한다. 단편적이고 파편적인 개선이 아니라 지속적인 개선 활동의 경험과 결과물이 신제품 개발 시 실패 방지 및 양산 시의 문제 예방으로 어떻게 이어지는지를 보고싶어 한다. 그래서 지속적인 개선에도 표준화된 도구 사용을 요구하는 것이다.

이러한 4가지 문제 개선 방식은 관리적인 문제든 기술적인 문제든 개발에서 양산에 이르기까지 '문제 발생->시정 및 시정조치->지속적 개선->예방 조치'의 선순환 구조를 정착시킬 수 있기 때문에 경영자가 확고한 의지를 가지고 방법론을 정착시킬 필요가 있다.

시정 (8D)	시정조치 (8D)
예방조치 (FMEA)	지속적 개선 (8D, FMEA)

8D란 무엇인가?

8D의 D(Discipline)는 사전적인 의미로 규율, 훈육, 훈련법이다.

   8D 보고서에서의 8D는 구조화된 문제 해결 방법론(Structured problem solving methodology)으로 정의된다. 문제 발생 시 8D의 1단계에서부터 8단계까지를 거치면 문제를 객관적으로 합리적으로 풀어냈다는 것을 증명할 수 있다는 뜻이다.

8D 프로세스와
8D 보고서의 의미

8D는 문제 해결 방법에 관한 8단계의 큰 틀을 제시하고 있지만 모든 문제를 다루는 데 있어 세부적인 방법까지 구체화하여 제시하지는 않는다. 따라서 조직에서 많은 구성원들이 8D를 사용하기 위해서는 조직 상황에 맞게 구조적인 문제 해결 방법을 프로세스로 구축하는 것이 필요하다.

즉, 문제 해결 프로세스에 8D 방법론을 적용하는 것이 8D 프로세스이다. 여기서 프로세스란, 한 개 이상의 입력을 통해 가치 있는 산출물을 제공하는 모든 관련 활동의 집합을 말한다.

8D 프로세스란, 문제라는 입력(발생)이 들어오면 8D 방법론을 실행하여 8D 보고서라는 출력(산출물)을 만들어내는 일련의 활동 집합을 말하는 것이다.

이 산출물, 8D 보고서를 보고 고객은 문제 해결 과정(8D 프로세스 과정)이 제대로 수행되었는지 아닌지를 판단하는 것이다.

고객 문제 발생 시 공급자가 제출한 8D 보고서(문제 대책 보고서)를 고객이 읽고 그것을 받아들인다는 것은, 공급자가 불량 또는 문제 원인을 제대로 찾아 대책을 수립하였고, 다시는 이 문제가 재발하지 않을 것이라는 유효성에 대한 믿음을 고객이 가진다는 의미이다.

　이러한 문제 해결 과정을 8D를 포함하는 문제 해결 프로세스로 잘 정착시킨 조직이라면 문제 해결에 관한한 조직의 역량이 8D를 사용하지 않는 조직보다 더 앞선다고 할 수 있지 않을까?

　그런데 문제 해결 산출물(8D 보고서)만을 그럴듯하게 포장하거나 사실이 아님에도 사실인 것처럼 내용을 거짓으로 꾸미게 된다면, 즉 문제 발생 상황만을 모면하고자 의도하는 것이라면 그 조직은 8D 보고서는 있으나 제대로 된 8D 프로세스는 존재하지 않는 또는 부실한 조직이라고 말할 수 있다.

　8D 프로세스가 엉성하거나 잘 작동되지 않는 조직에서 구성원들의 문제 해결 능력이 좋아질 수 없고, 결과적으로 사실에 입각한 올바른 8D보고서는 나올 수 없는 것이다.

8D는
누가 사용하는가?

어떤 산업 어떤 조직이든 문제 해결의 방법으로 8D를 사용할 수 있다. 특히 고객이 8D를 문제 해결의 지정 도구로 사용하기를 요구할 경우 8D를 사용해야 한다.

자동차 품질경영시스템에서는 문제 해결을 위해 문서화된 프로세스를 조직이 갖추도록 요구하고 있다. 그 프로세스는 다양한 형태 및 크기의 문제에 대한 규정된 접근법을 포함하여야 한다. 예를 들면, 신제품을 개발하다가 발생하는 문제, 제조 과정에서 일어나는 부적합, 필드의 고장 및 내부 심사를 통해 발견하는 문제 등이 해당될 수 있다.

다양한 문제들에 대해 우리 조직은 어떤 문제 해결 방법론을 사용하고 있는가? 자동차 산업에서 이미 보편화된 8D는 반도체나 전자 산업 등 다른 산업에서도 문제 해결 방법론에 관한 공통 언어가 된 지가 오래다.

조직이 자체적으로 사용하는 도구나 시스템이 있고, 고객이 그것의 사용을 동의하면 굳이 고객이 규정하는 도구를 사용하지 않아도 된다. 하지만 글로벌 공급망에서 공급자가 스스로 문제 해결 도구를 제안하여 고객이 받아들이는 경우는 드물다.

이유는 수많은 공급자를 두고 있는 고객의 입장에서는 그들의 다양한 문제 해결 방법과 편중된 내용의 출력물을 인정함으로써 이해 관점의 통일성, 객관성 및 일관성을 잃고 싶지 않기 때문이다. 무엇보다 글로벌 스탠다드로 자리잡은 문제 해결 방법론을 굳이 로컬 방식에 관심을 둘 필요가 없다는 이유도 있다.

조직이 8D를 사용하지 않는 경우는 1)내부 문제를 대상으로 내부에서 정한 방법을 내부에서만 사용하는 경우와 2)고객이 특별히 사용 도구를 지정하지 않아 사용 도구의 제한이 없는 경우이다. 조직이 내부적으로 정한 방식이라 하더라도 그 형식이나 내용을 자세히 들여다보면 8D 또는 일부 변형된 8D의 전개와 크게 다르지 않다는 것을 보게 될 것이다.

8D는 조직 내 주로 어떤 기능에서 사용할까? 고객 불만 발생 시 대책 보고서를 작성, 제출해야 하는 부서(품질 보증 또는 고객 기술 담당 부서)에서 가장 많이 사용하고, 발생 원인 공정을 찾아 개선해야 하는 고객 기술 지원 부서(기술 부서 또는 개발 부서)에서 연동하여 8D를 사용한다. 즉 비제조 분야를 제외하고는 연구 개발, 제조 기술 및 품질 보증 업무에 종사하는 엔지니어들은 모두 8D를 사용하는

사람들이라고 보면 된다. 좀 더 앞서가는 조직은 관리적인 문제를 대상으로 비제조분야인 영업, 구매, 경영관리 부서들도 8D를 사용하도록 제도화하는 곳도 있다.

'문제'라는 것은 조직 내 모든 기능과 프로세스에서 발생할 수 있으므로 기술적인 문제든 관리적인 문제든 이의 해결 방법론으로 8D를 사용하도록 하는 것이다.

8D를
왜 사용하는가?

8D를 사용하는 데는 크게 두 가지 이유가 있다.

  첫 번째 이유는, 고객이 요구하기 때문에 8D를 사용한다. 글로벌 공급망에 있어서 고객은 그들의 수많은 공급자 또는 비즈니스 파트너(BP)들로부터 문제 발생 시 이의 대책 보고서를 접수하게 되는데 그 보고서의 틀이 제 각각 다르다면 고객의 입장에서는 어떠할까?

  일차적으로, 보고서 내용 자체가 비논리적 엉성한 구조라면 자연히 부실한 전개 때문에 대책에 대한 신뢰감이 들지 않을 수 있고 내용의 의도를 파악하는 데 시간이 오래 걸리거나 이해를 포기할 수도 있을 것 같다. 즉, 고객은 개선 대책 보고서의 내용을 읽을 때 잘 알려진, 어느 정도 익숙하고 통일된 방식으로 작성된 보고서를 원하지 않을까?

  다시 말해 8D를 사용하는 이유는 큰 틀에서 문제 해결 방법론으로 글로벌 고객이 가장 선호하기 때문이다.

수많은 공급자나 비즈니스 파트너를 두고 있는 고객 입장에서 문제 발생 때마다 그들에게서 제각각의 불량 분석 또는 개선 대책 보고서를 받아본다고 생각하면 그 방법을 공통적인 무언가로 지정할 필요성을 느끼지 않을까? 통합적이고 효율적인 관점에서 문제 해결 여부를 신속하게 정확하게 판단하고 싶다면 반드시 그러할 것이다.

두 번째 이유는, 조직의 대내외 문제 해결 역량을 강화하기 위해 8D를 프로세스 혁신의 도구로 사용하거나 구성원의 문제 해결 지능을 높이기 위해 사용한다.

여기 월드 클래스라고 인정받는 운동 선수가 있다. 그는 프로팀에서 훌륭한 기량을 선보이며 그 분야에서 나름 큰 성과를 내고 있다. 그의 역량은 어느 날 갑자기 그 수준에 도달한 것일까? 당연히 아닐 것이다. 운동 선수로 입문한 후 오랜 기간 동안 구조화된 훈련 프로그램이나 체계적인 방법으로 무수히 반복된 훈련 과정을 거치며, 그리고 실전을 쌓으면서 그 자리에 도달했을 것이다.

조직의 엔지니어, 관리자, 일을 마주하면서 문제를 경험하는 모든 일의 종사자들도 마찬가지이다. 그들 또한 오랜 시간 올바른 문제 해결 방법론을 습득하고 실전에서 노하우를 터득한다면, 그래서 그들의 수행한 일의 결과가 훌륭하다면 우리는 그들을 장인 혹은 베테랑이라고 부르게 된다. 그러한 사람들이 기술적이든 관리적이든 리더로 자리하고 있는 조직이 지속가능하고 강건한 조직일 것이다.

시간의 크기로만 베테랑이고 리더일 뿐 실제 문제 해결 역량이 부족하여 조직의 문제 개선에 아무런 도움을 줄 수 없는 사람들이 조직의 각 기능마다 포진하여 의사 결정 단계의 정점에 위치하고 있다면 그 조직이란 함선은 어디로 향하게 될까?

훈련하지 않은 사람이 운동을 더 잘할 수는 없다. 올바른 문제 해결 방법을 배우고 경험하지 못한 사람이 문제를 더 잘 풀 수는 없다. 훈련하는 방법도 다양하고 문제 해결 역량을 키우는 방법도 다양하다. 해당 분야의 경험 많은 선배로부터 배울 수도 있고, 집단적인 교육 및 훈련 프로그램을 통해 육성할 수도 있다. 이런 방법이든 저런 방법이든 같은 환경에서도 근본 자질이 출중하여 남들보다 더 배가 된 역량을 발휘하는 경우도 있을 수 있다. 특별한 능력을 가진 개인이 풀어낼 수도 있지만 집단적으로 문제 해결 능력치가 올라와 팀의 역량으로 문제를 극복할 수도 있다.

개인이든 팀이든 시스템이든 문제 해결 역량이 극대화된 조직은 문제 해결 차원을 넘어 궁극적으로 문제가 발생하기 어려운 환경을 구축하게 될 것이다. 그러한 위치에 도달하기 위해 우리 조직은 어떤 프로그램과 방법론을 구사할 것인가?

8D라는 구조적인 문제 해결 방법론은, 일에 종사하는 개인에게 문제 해결의 씨앗을 두뇌에 심어 그 방법론을 반복 훈련시키고 해당 업무에서 문제를 잘 해결할 수 있도록 하는 것이 우선 목표이다. 그 능력이 모이면 조직의 집단적인 문제 해결 역량도 덩달아 커질 것이라고 보는 것이다.

운동 선수가 경기장에서 문제를 해결한다는(성과를 내는) 것은 오랜 기간 동안 반복된 훈련과 실전을 바탕으로 경기 시간 내내 몸이 움직이고 반응한 결과이다. 조직의 문제를 해결한다는 것은, 구조적인 문제 해결 방법을 이미 습득하고 있는 팀원들의 두뇌가 문제 해결 과정 내내 해법을 찾아 저절로 반응한 결과이다.

문제 해결 방법을 잘 모르거나 체계화되어 있지 않을 경우 조직은 시행 착오를 반복하여 문제 해결이 늦어질 수 있다. 그것은 조직이 원치 않는 결과, 즉 발생한 문제가 피해 규모를 더 키워 고객 등 이해 관계자의 신뢰를 떨어뜨리고 결국 조직을 위험에 빠뜨릴 수 있다.

8D는 언제 어디에 사용하는가?

8D는 문제가 발생했을 때 사용한다. 발생의 시점은 조직의 누군가가 최초로 문제 증상을 느끼고 문제로 인식했을 때이다. 잠재적인 리스크도 문제로 간주하고 8D를 전개하는 경우가 있기는 하지만 그러한 경우 FMEA 또는 그와 비슷한 방법을 사용하기 때문에 8D와 구분을 한다.

8D는 조직의 모든 문제 해결 또는 개선 도구로 사용이 가능하다. 그러나 대부분은 고객 불만 발생의 경우에만 사용하는 경향이 있다. 그 이유는 고객이 요구하기 때문이다. 내부적인 문제 해결 방법론으로는 좀 무겁다, 복잡하다, 작성할 내용 대비 단계가 너무 길다 등의 이유로 강제하지 않는 한 사용하기를 꺼리는 경향이 있다.

조직의 규모, 역량, 필요성, 대체 문제 해결 방법론 여부 등에 따라서 어디에 사용할지는 조직마다 다르지만 다음의 문제 발생 시에 사용할 수 있다.

1. 모든 고객 불만(제품 불량 포함) 발생 시

2. 내부 부적합품 발생 시

3. 제품 개발 단계에서의 설계 불량 또는 공정 개발 불량 발생 시

4. 제품 인증 시험 불량 발생 시

5. 제품 신뢰성 모니터링 불량 발생 시

6. 공급자 품질 문제 발생 시

7. 심사 부적합 발생 시(내부 심사, 고객 심사 및 3자 인증 심사)

8. 비제조분야의 모든 관리적인 문제나 비상 상황 발생 시

9. 구조적이고 장기적인 문제를 프로젝트 팀을 구성하여 해결 시

위 1~6번 항목은 제품과 제조의 기술적인 문제 발생에 관한 것이고, 7~9번 항목은 시스템이나 관리적인 문제 발생에 관한 것이다. 전자는 제품/제조의 품질 즉, 동작 기능이나 외관 불량 등 제품/제조 규격에서 벗어나거나 사용상 결함이 발생한 경우이다. 후자는 조직의 경영 시스템이나 영업, 경영 관리적인 문제가 발생한 경우이다.

전자는 보편적으로 8D를 사용할 수 있는 것으로 인식하고 있으나 후자의 경우는 8D를 사용하여 문제를 해결하겠다는 시도를 거의 하지 않기 때문에 8D 사용에 대한 인식은 없는 편이다.

어떤 조직에서는 드물게 전체 구성원의 문제 해결 역량을 강화하기 위한 목적으로 의도적으로 8D 접근법을 전체 프로세스에 확대,

사용하도록 하는 경우도 있다. 기술적인 문제든 관리적인 문제든 어떤 문제라도 조직의 모든 구성원이 일관되게 문제 해결 방법론으로 8D 접근법을 사용하다 보면 개인의 문제 해결 역량이 자연스레 강화되어 조직에 엄청난 개선의 시너지 효과를 불러일으킬 수 있다.

조직의 문제는 공급망 사슬로 보면 위로는 고객, 아래로는 1차 공급자, 2차 공급자 등 연계적인 망 구조를 가진다. 즉 문제 해결 역량을 키우는 것은 조직 스스로 키워 나가야하는 영역도 있지만 조직에 설비, 부품, 원부자재를 공급하는 공급자의 문제 해결 능력을 동반하여 키우는 것 또한 매우 중요하다.

따라서 조직은 공급자가 체계적인 문제 해결 능력을 가질 수 있도록 8D 사용이나 유사한 방법을 지정 요구하고 그 능력을 개발할 수 있도록 지원하는 것이 매우 필요하다.

결론적으로 8D는 고객 문제를 포함하여 문제가 발생하는 곳이면 모두 사용 가능하고, 조직 자체적으로 적절한 문제 해결 방법론을 정하고 있지 않다면 보편적으로 8D를 사용하는 추세이다. 다만 원가 절감이나 우연 원인에 의한 문제 개선 또는 장기 개선 프로젝트는 8D 사용이 안 되는 것은 아니지만 8D보다는 6시그마(DMAIC) 등 다른 접근법이 더 적절할 수도 있다.

조직 내부적으로 8D를 도입하기로 했으면 인내를 가지고 문제 해결 프로세스로 정착되는 시간을 기다릴 필요가 있다. 뿌리가 내리지도 않았는데 거름도 주지 않고 일찍 열매 맺기를 기대해서는 안 된다.

우연 원인과
이상 원인

8D는 기술적인 문제와 관련하여 이상 원인에 의한 문제 해결에 더 적합하다.

'문제'는 품질 변동의 원인 관점으로 볼 때 '우연 원인에 의한 문제'와 '이상 원인에 의한 문제' 두 가지로 구분된다. 통계적 공정 관리(SPC, Statistical Process Control)에서는 데이터를 통해 품질 변동의 원인을 찾아내는 분류로 알려져 있다.

우연 원인은 엄격한 공정 관리 하에서도 발생할 소지가 있는 불가피한 변동의 원인이고, 이상 원인은 6M(Man, Machine, Material, Method, Measurement, Milieu) 영향에 의해 평소와 다른 양상의 데이터 산포 또는 변동을 나타내는 원인이다.

예를 들면, 일정 기간 모집단의 평균 양품률이 95%이고 불량률이 5%라면 이 5%는 보통 우연 원인에 의한 불량으로 간주한다. 이의 문제 해결은 공정 능력, 시스템 및 설계 개선 등의 접근법을 사용한다. 그러나 평균 양품율이 95%인데 갑자기 평소와 다르게 90%로 뚝 떨어진 모집단의 결과가 나왔다면 그 10% 불량에는 이상 원인에 의한 불량 5% 정도가 더 발생한 것으로 간주하고 이상 원인을 찾아 해결하기 위한 접근법을 사용한다.

즉, 우연 원인의 문제 개선보다는 이상 원인에 의한 문제 개선에 더 직접적인 방법이 8D라고 할 수 있다. 그렇다고 우연 원인에 의한 불량은 8D를 사용하지 못한다는 뜻은 아니다. 우연 원인에 의한 불량은 설계나 6M의 공정 능력에 기인한 문제가 대부분이므로 8D 전개가 쉽지 않다는 측면이 있다는 뜻이다.

따라서, 우연 원인에 의한 불량은 원인이 고착되어 이미 알고 있는 문제이거나 장기 대책 등이 필요한 경우이기 때문에 6시그마나 8D를 개량하여 사용하기도 한다.

8D를
어떻게 사용하나?

8D 사용법은 크게 두 가지이다. 알려진 그대로 1D에서 8D까지 전체 8단계를 모두 사용하거나 1D(팀 구성)와 8D(보상 및 팀 해산)를 빼고 2D에서 7D까지 축약하여 5단계 즉, 5D 형태로 사용하는 것이다.

문제 발생에서부터 해결까지 5단계로도 충분하다고 느끼는 조직은 고객 요구에 의한 8D 보고서를 제외하고는 1단계와 마지막 8단계를 생략하는 경우가 많다. 아니면 고객 요구나 조직의 여러 상황을 고려하여 축약된 8D를 사용하거나 자체적으로 정한 방법론을 사용할 수 있다. 프로세스 관점에서 8D의 각 단계별 본질을 이해한다면, 그리고 정확하게만 사용할 수 있다면 문제의 상황, 종류나 크기에 관계없이 굳이 축약하지 않고도 8D 전체 단계를 충분히 적용할 수 있다.

일부 조직에서는 8D 보고서 작성이 어렵고, 문제 유형에 따라 8D란 형태가 잘 맞지 않는다고 생각한다. 너무 무겁다, 내용은 많지 않은데 그릇이 너무 크다고 보는 것이다. 그래서 8D보고서 작성에 대한 불만이 여기저기 생겨나고 임원급 경영자는 이의 불만을 받아들여 8D 보고서 작성을 고객 불만 발생 시에 작성하는 것으로만 제한하는 경우가 있다.

보고서의 작성과 활용이라는 측면에서 이러한 판단이 틀렸다고 말할 수는 없지만 문제 해결이란 프로세스 관점에서 보면 일관성과 문제 예방 도구와의 연계성을 떨어뜨리는 경우라고도 볼 수 있다.

8D는 어떻게 이해하는가에 따라 어떻게 사용하느냐가 결정된다. 프로세스의 출력물인 8D 보고서 형식과 작성에 초점을 맞추기보다는 8D의 단계별 문제 해결 과정 하나 하나를 습득하는 데 초점을 맞출 필요가 있다.

8D를
사용하지 않으면?

8D를 사용하지 않던 시절에도 문제는 발생했고 문제를 해결해왔다. 그 당시에 사용하던 방법론은 어떤 것이었을까? 문제 해결(Trouble shooting) 보고서를 쓸 때 필자가 전개하였던 문제 해결 방식은 '현상 파악->문제 범위 파악->현상 검증->원인 분석->대책 수립->유효성 확인->제품 판정->수평 전개' 정도였다.

　조직 내 보고서 작성의 큰 틀은 있었어도 문제 해결 과정이나 단계를 구체적으로 기술하지 않았기 때문에 부서, 동료 간에도 보고서의 전개 내용은 조금씩 달랐다.
　보고서를 각각 다르게 작성한다는 것은 문제 해결 접근법이 통일되어 있지 않았다는 의미이다. 해결 도구 사용의 경험이 부족한 엔지니어는 문제를 해결하는 과정에서 크고 작은 실패 가능성의 여지가 충분하다. 조직 내에서 부서마다 사람마다 문제 상황마다 제각각 다른 형식의 보고서를 작성하고 있을 때 여러분의 조직에는 과연 어떤 불편함 또는 문제점이 있을까?

문제 해결 결과를 담은 보고서는 재발 방지를 위해 조직의 기술적인 지식의 근간이 된다. 이러한 결과물들은 실패에 대한 기술 교훈(Lesson Learn) 즉, 조직의 기술 자산으로 남게 된다. 이러한 자산을 다루고 관리하는 데 있어 조직이 정한 통일된 문제 해결 프로세스가 없고, 결과를 담아내는 보고서 양식이 체계적으로 정해져 있지 않다면 조직은 반복하여 실패 비용을 지불할 수도 있다.

최소한 고객 요구 사항으로 8D 보고서를 제출해야 한다면 일단 고객 불만 발생의 경우에는 8D 보고서를 작성하지 않을 수 없다. 그럴 경우 고객 불만 원인에 직간접 관계되는 조직 내부 기능과 공급자는 자연스럽게 8D 양식을 사용하는 것이 필요하다. 그래야 자체 보고서 양식으로 작성했다가 8D 형식으로 새로 변경, 편집하는 일의 번거로움을 피할 수 있기 때문이다. 즉, 고객으로 나가는 대책 보고서가 8D 보고서이다 보니 문제 발생 시 내부적으로 작성하는 보고서도 8D 보고서 구조를 따라가는 것이 마땅하다.

자동차 산업을 중심으로 8D를 문제 해결 방법론으로 고객이 지정하여 사용을 요구해왔기 때문에 조직에서 특별히 정한 방법이 없으면 공급자는 8D를 사용하여야 한다. 산업 분야마다 조금씩 차이는 있지만 자동차, 반도체, 전기, 전자, 기계 산업 등의 전반적인 공급망에 8D가 권고되거나 요구되고 있는 실정이다.

필자의 경우 반도체 산업에 종사할 때인 2000년대 초에 해외 파운

드리 반도체 제조 공급자로부터 8D 보고서를 받아본 것이 처음이었다. 그 전에는 5D에 가까운 형태의 불량 분석 보고서를 사용하였다.

당시에도 8D를 사용하지 않아서 문제를 해결할 수 없거나 문제 해결을 증명 못한 경우는 없었다. 그런데 '왜 굳이 8D를 사용해야 할까?', '8D를 사용 안 하면 어떤 문제가 있을까?' 의문을 가지기도 했다.

단순한 이 질문에 대한 답은, 고객이 원하지 않는다는 것이다. 고객은 객관적, 논리적 그리고 익숙한 방법으로 쉽게 문제 해결 과정을 들여다볼 수 있기를 원한다. 보고서 상에 8D로 전개가 안 되면 일단 문제 해결 구조를 들여다봐야 하고 그 구조 속에서 문제의 인과성을 파악하고 대책의 유효성을 이해해야 하는데, 고객 입장에서는 그 과정이 의외로 복잡하고 머리 쓰이는 일이다.

즉, 8D가 아니면 문제 해결 과정과 결과를 이해하고 신뢰하는 것이 간단하지 않고 상대적으로 시간이 오래 걸린다는 뜻이다. 논리적으로 받아들여지지 않을 때 질문하고 답을 들으며 다시 이해해야 하는 과정에 고객은 시간과 에너지를 낭비하고 싶지 않다는 뜻이다. 무엇보다 문제가 완전히 해결되어 재발하지 않을 거라는 확신이 없기 때문에 불안한 것이다. 그래서 8D라는 공통된 문제 해결 방법과 구조가 필요했고, 오래 전 글로벌 표준으로 정착되었다.

그 표준은 미 국방부에서 1974년 MIL-STD 1520(부적합 물질에 대한 시정조치 및 처리 시스템)을 발표하면서 만들어졌다. 이후 미국 자동차 회사 포드사에서 1987년 8D 프로세스를 전파하면서 자동차 공급망을 중심으로 널리 사용하게 되었다고 한다. 한때 6시그마의 DMAIC나 DMADV가 문제 해결의 도구로 프로젝트 개선 활동에 사용되었으나 지금은 8D 또는 그와 유사한 방법이 전반적인 문제 해결의 도구로 쓰이고 있는 추세다.

그리하여 8D는 글로벌 고객으로부터 요구가 증대하면서 문제 발생 시 사용해야 하는 도구로 자리를 잡았고, 이제는 2차, 3차 공급자에 이르기까지 8D가 전파되고 있는 실정이다.

8D를 사용하지 않는다는 것은, 문제 해결 방법론에 있어 우리 조직은 글로벌 표준과 거리가 있다는 것을 의미한다.

8D와 FMEA의 차이점

문제 개선에는 4가지 방식이 있다고 앞에 언급하였다. 8D는 일어난 문제에 대한 시정 및 시정 조치를 포함하는 문제 해결 방법론이고, FMEA는 일어날 수 있는 문제를 발굴하여 일어나지 않도록 미리 예방하는 방법론이다.

과거 산업 발달 초기에는 문제 해결을 잘하는 엔지니어가 각광을 받았다. 흔히 말하는 인사고과도 좋았고 승진도 잘하는 사람이었다. 많은 시간이 흐르고 기술적, 관리적인 노하우가 쌓이면서 경영자는 문제 해결은 당연한 것이고, 왜 문제가 일어나지 않도록 막지 못하였나에 더 관심을 가지게 되었다. 그 관심은 당연히 고객의 질타로부터 촉발되었다.

막지 못한 문제는 내부보다는 고객으로 유출되었을 때 심각성이 더 컸다. 8D는 문제가 발생해야만 작동하는 Top-Down 방식이지만, FMEA는 공급망의 아래에서부터 고객을 보호하기 위해 미리 문제를 예방하는 활동이어서 Bottom-Up 방식이라고 한다.

이 8D와 FMEA가 문제 해결 프로세스와 예방 조치 프로세스에 각각 독립적으로 사용되는 기법이다. 그러므로 이 둘은 바늘과 실처럼 서로 연계성을 가진다. 8D의 일곱 번째 단계인 7D까지의 검증 결과가 FMEA로 가서 만나는 것이다.

발생한 문제가 새로운 유형의 문제라면 FMEA에 신규로 등록이 될 것이고, 기존에 알고 있는 문제라면 원인과 대책에 있어 기존과 다른 새로운 내용들이 FMEA에 업데이트 될 것이다. 그렇게 제정, 개정된 FMEA 내용은 문제가 재발되지 않도록 지속적인 개선 활동을 통해 예방조치가 이루어진다.

Chapter 2

문제를 해결하는 8단계

운동선수는 평소 체계적인 훈련으로 몸을 단련하였을 때 경기에서 최고의 기량을 보여줄 수 있다. 이처럼 엔지니어는 8D라는 구조적 문제 해결 방법론을 머리로 완전히 습득하고 있을 때 문제 해결 역량을 제대로 발휘할 수 있다. 조직은 8D 보고서 작성 스킬 관점으로만 보지 말고, 8D를 조직 전반의 문제 해결 프로세스의 도구로 이해하고 사용하려는 노력을 해야 한다. 이는 지속가능한 경영의 필수적인 바탕 요소이다.

D0 단계(증상 파악)
문제를 대하는 태도가 결정한다

문제 발생 시 D1(팀 구성)에 앞서 즉각적으로 증상을 파악해야 하는 단계가 D0이다. 증상은 문제가 발생했을 때 또는 발생할 조짐이 보일 때 나타나는 여러가지 현상이나 모양이다. D0가 8D의 정식 단계는 아니지만 문제가 발생했을 때 선행적으로 고려해야 할 필요가 있는 단계이다. 발생한 문제가 확산, 확대되기 전에 조기에 차단, 진화할 수 있느냐 그렇지 않느냐는 D0 단계에서 결정된다고 해도 과언이 아니다.

긴급 대응 조치(ERA: Emergency Response Action)

문제가 발생했다는 것을 감지 또는 인지하게 되었다면 D1(팀 구성) 전에 담당자는 이미 대응 조치를 강구하고 있지 않을까? 당연히 그렇게 하는 것이 정상이다. 문제가 발생하면 D1(팀 구성) 및 D2(문제 정의)에 앞서 선행 조치가 즉각적으로 실행되고 있어야 한다.

그 선행 조치 중에는 매우 중요한 판단을 필요로 하는 상황이 있는데 그것은 바로 문제를 처리하는 데 있어서 '정규(Normal) 프로세스'와 '긴급 대응 조치(ERA) 프로세스' 중 어떤 길로 가야 할까 판단하는 것이다. 문제를 최초 인지 또는 접수한 사람이 문제의 위험성 크기를 판단하고 어떤 프로세스를 따르고 어떤 조치를 수행할지 대응 계획을 세우는 것을 말한다. 문제가 발생했는데도 심각성을 모르거나 의사 결정자가 늦게 인지하여 결과적으로 문제를 키우게 된다면 그것은 D0 단계의 실패라고 보면 거의 틀림이 없다.

'호미로 막을 일을 가래로 막지 말라'는 격언이 있다. 오판을 포함하여 인지가 늦어 초기 대응의 골든 타임을 놓치면 조직은 한순간에 또는 시간이 지날수록 그 문제로 인한 큰 희생과 비용을 치를 수 있음을 알아야 한다.

이러한 상황에 놓이게 되는 이유는, 문제 발생 시점에 문제의 심각성, 파급성을 제대로 간파하지 못하는 구성원의 부족한 역량과 조직 내 긴급 대응 조치 프로세스가 없거나, 있더라도 형식적이기 때문이다. 긴급 대응 프로세스 운영의 핵심적인 요소는 4가지이다.

1. 평상 시 리스크에 대한 구성원의 인식(위험 기반 사고)이 충만
2. 발생 가능한 문제에 대한 리스크 정의와 평가 기준 수립
3. 리스크 수준에 따라 최고 의사 결정자에게 '직접 보고' 보장
4. 구성원이 긴급 대응 프로세스를 충분히 이해하고 실천

그 중에서도 가장 관건이 되는 요소는 '보고 체계'이다. 문제의 위험성 수준이 높아 긴급한 상황이라고 판단했을 때 1차 발견자가 일반 보고 체계를 뛰어넘어 최고 의사결정자에게 직접 보고하거나 보고 체계에 있는 모든 사람에게 동시에 보고하는 것을 말한다. 위험 수준별 의사 결정자 또는 최상위 의사결정자가 누구든 위험 상황을 보고받는 사람은 즉시 가장 빠르게 선제적인 조치를 취하라는 의미이다. 동시에 보고받은 사람의 대응이 서로 충돌하는 장치만 마련한다면 그것이 D1과 D2에 앞서 임시 조치의 효과가 극대화될 수 있는 방법이다.

예를 들어보겠다. 해외 주요 고객으로 납품한 제품에서 중대한 안전 결함이 발생했을 때 해외 현장에 있는 담당자가 본사의 최고 경영자에게 직접 또는 상사인 팀장과 함께 동시에 보고할 수 있는 프로세스가 여러분 조직에는 있는가? 규모가 크고 위계 질서가 강한 수직적인 조직에서는 어려운 일일 수 있다. 그러나 위기 대응 프로세스가 제대로 작동하는 조직이라면 위험의 크기에 따라 합의된 보고 체계를 갖추고 있고, 구성원들은 평상시 훈련을 통해 그 체계를 잘 인식하고 있어야 할 것이다.

에스컬레이터를 생각해보자. 오른쪽 줄은 시간이 급하지 않은 사람들이 자신의 위치에 서있기만 하면 순서대로 올라가는 길이고, 왼쪽 줄은 바쁜 사람들에게 성큼성큼 빨리 걸어 올라갈 수 있도록 내어 준 길이다. 누구나 알고 있는 또는 암묵적으로 알고 있을 거라고 생각하는 생활 속의 에스컬레이터 이용 약속이다. 그런데 왼쪽 줄에서 걸어 올라오는 바쁜 사람이 있는데도 누군가 그 앞에서 움직이지 않고 버티고 서 있다면 급한 발걸음의 뒷사람은 어떤 심정일까?

이처럼 일상과 마찬가지로 매일 문제와 부딪히는 조직들도 최소한 급한 상황과 그렇지 않은 상황에 대한 초기 대응 프로세스는 구분하여 갖추고 있어야 한다. 긴급 상황임에도 현장에서 결정할 수 없거나 보고자의 직급이 낮아 결정을 못하고 위로 보고하고 또 그 위로 보고한다면 어떻게 될까? 결정을 내려 받는 사이에 문제가 수습할 수 없을 정도로 커진다면 그 책임은 누구에게 있는 것일까? 그 상황에서 우리에게 필요한 프로세스는 무엇일까?

결론적으로 정리하면, 1)문제 증상에 대해 어떤 위험성 판단을 하느냐, 2)위험성이 높다고 판단할 경우 빠르고 정확한 조치를 취할 수 있는 프로세스가 있느냐 없느냐, 그리고 3)그 프로세스가 평상시 조직 내 충분히 의사 소통되고 인식되어 있느냐가 중요하다.

D0는 보고하고 보고받고 그래서, 의사 결정 과정을 꼭 밟아야 하는 단계가 아니다. 시간을 지체함으로써 문제를 키우는 것보다 최초 목격자 또는 현장의 전문가가 증상에 대한 선제적인 조치를 취함으로써 조직의 피해 규모를 조기에 축소하는 게 최대의 목표이다.

의사 결정의 단계를 낮추라

고객 불량이 발생하였다. 품질 엔지니어는 그 증상을 신뢰성 문제로 판단하였고 현재 출하 및 공정 중에 있는 제품까지도 감염 범위에 있음을 알았다. 불량을 접수하여 분석한 결과를 가지고 판단하기에는 시간이 꽤 걸리기 때문에 우선 임시 조치가 필요해 보였다. 그 품질 엔지니어는 즉시 제품 출하 중지와 공정 중단을 결정할 수 있을까? 그 불량이 고객에게 어떤 심각한 영향을 미치는지에 따라 다를 수 있겠지만 여기서는 담당자 선에서 출하 중지와 공정 중단에 대한 책임과 권한을 가지는지 아닌지가 중요하다.

여러분의 조직은 긴급 상황 시 누가 출하 중지와 공정 중단을 결정하는가? 필자가 강의 중 이런 질문을 던져보면 대부분은 조직의 경영자, 예를 들어 사업본부장, 공장장 또는 품질 총 책임자가 결정한다고 말한다. 그렇게 되었을 경우 리스크는 무엇일까? 발생한 문제의 위험에서 조직의 피해를 최대한 줄이는 방법 중 하나는 긴급 상황 시 의사 결정의 단계를 최대한 낮추는 것이다.

신속하게 의사 결정자에게 보고하는 것만큼 중요한 것이 현장에 있는 담당자 또는 현장 책임자가 그러한 의사 결정권을 가지도록 하는 것이다. 대부분 문제의 답은 현장에 있기 때문에 그 문제를 푸는 열쇠도 현장의 실무 담당자가 가지고 있다고 봐야 한다. 즉 초기 대응에 대한 기본 매뉴얼이 있는 상태에서 상황에 따른 판단과 의사 결정이 현장 중심으로 이루어질 수 있다면 그만큼 초기 진화는 빨라지고 조기에 문제를 해결할 수 있는 토대를 마련할 수 있는 것이다.

그 필수 전제는 낮은 단계에서 제대로 된 의사결정이 가능하도록 리더십을 갖춘, 경험이 풍부한 인력을 육성하고 배치하는 것이다.

첫 직장에서 일할 때 해외에 있는 파트너 회사에 품질 감사를 간 적이 있다. 감사 대응하는 사람이 CS(고객서비스) 팀 담당자였는데 의외로 나이가 많고 연륜이 있어 보여서 백그라운드(이전 직무 경험)가 어떻게 되는지 물어보았다.

CS 업무 바로 전에 해당 제품의 설계자였다고 말하였고, 왜 설계자가 품질 부서에서 CS를 하느냐고 물었더니 자신이 설계한 제품이기 때문에 가장 CS를 잘 할 수 있어서 그렇게 배치되었다고 설명하였다. 자신이 설계한 제품의 양산 이관 후, 다른 설계 프로젝트에 참여하지 않을 때, 설계자가 CS팀에 소속되어 고객 접점에서 서비스하는 인력 배치 프로그램이었다.

그때 주목했던 점은, 품질 감사 현안들에 대해 그 자리에서 정확한 피드백을 하고, 개선 대책에 대한 의사 결정을 그 CS 담당자가 직접 대부분을 해결하였다는 것이다. 어떤 결정 사항에 대해 현업 부서와 논의해서 또는 상사의 결재를 받은 후 언제까지 알려주겠다는 식의 미결정 상태로 회의를 마치지 않았다. 고객의 입장이었던 필자로서 매우 만족스럽고 인상적이었던 요소가 전문적인 피드백과 현장에서의 빠른 의사결정이었다.

필자가 일했던 조직에서도 그와 비슷한 좋은 시스템은 있었다. 품질보증실 내에 고객 기술 담당 부서가 있었는데 그 부서에 배치되는 인력은 품질보증 부서에서 어느 정도 제품 품질 보증 업무에 대한 경험을 쌓은 베테랑이었다. 품질 보증 부서에서 제품 인증 시험, 불량 분석, 부적합 관리 및 품질 개선 회의를 이끌면서 문제 해결에 대한 지식과 경험을 많이 쌓은 엔지니어가 고객 기술 부서로 배치되었다. 그렇게 고객 기술부서에서 담당 고객 지원 업무를 하다가 필드 어플리케이션 엔지니어(FAE)로 해외 파견을 나가는 시스템이었다.

고객 가까이서 고객 기술 지원 임무를 수행하는 엔지니어는 고객 문제가 발생할 때 풍부한 경험과 내 외부 의사소통 능력을 바탕으로 문제를 풀어나가야 한다. 그는 문제 증상을 보고 어떤 방식으로 접근해서 풀어나갈지를 판단하고 비상 대응 여부를 결정하는 D0 단계의 핵심적인 인물이다.

그래서 D0(증상 파악) 단계에서는 리더십을 갖춘 경험 많은 인력을 현장과 고객 접점에 배치하고 그들에게 긴급 상황 시 필요한 의사 결정권을 주는 것이다. 그 의사 결정권이란, 긴급 상황 발생 시 초기 대응을 위해 관련 부서와 필요 인력의 지원을 즉시 이끌어내는 우선 지휘권을 말한다. 그러한 권한의 시효는 보고가 이루어지고 최종 결정을 내려 받기까지 걸리는 시간, 즉 24시간을 목표로 해야 한다. 그 안에 조직의 생사가 달려 있을 수도 있다.

문제를 대하는 태도가 결정한다

D0의 승패는 문제를 대하는 태도에서 결정된다. 아무리 경험이 많은 베테랑이 현장에 배치되어 있더라도 문제를 대하는 인식, 문제를 대하는 태도 자체가 느슨하거나 여유로운 사람은 문제 해결의 선봉에 서 있는 것이 오히려 조직을 위태롭게 할 수도 있다.

진정한 베테랑은 문제를 바라보는 시선에 진지함이 가득차 있어야 한다. 언제라도 '문제'라는 먹이를 찾아낸 순간 벼락같이 달려들어 그것을 낚아채는 매의 눈을 가지고 있어야 한다.

토요일 오후, 영업 담당 임원으로부터 연락이 왔다. 해외 고객사에서 불량 이슈로 난리가 났다고 했다. 자세한 내용은 확인중이라면서 전화를 끊었다. 출하 불량과 고객 불량 추세는 안정적이었고 그리 문제될 상황은 아닌 것 같은데 내심 '왜 저렇게 호들갑을 떨까'라는 생각을 하였다. 영업과 생산 부서 동료들이 지난주 납기 이슈로 다투었다고 하는데 그 감정 연장선상에서 담당 임원이 좀 과잉행동을 하는가 싶은 생각까지도 했다.

월요일 아침 최고경영자 주관 임원 회의 때까지 불량으로 통지된 제품과 출하 일자만 확인하였고, 고객 상황은 정확하게 업데이트 되지 않았다. 영업은 주말과 휴일 동안 고객과 통화하면서 시달렸고 문제가 심각하다는 말만 회의 석상에서 늘어놓았다. 생산을 담당하고 있던 임원은 해당 고객의 품질 성과 지표들을 보여주면서 이렇게 안정적인데 왜 갑자기 전쟁 터진 것처럼 난리치는지 이유를 모르겠다고, 영업이 좀 오버하는 것 아니냐는 뉘앙스로 방어를 하였다.

오후에 긴급하게 공수된 제품을 통해 불량 내용을 확인하였고, 원인은 금방 찾아 해결할 수 있게 되었다. 그 불량으로 인해 고객이 왜 불같이 화가 났는지도 이유를 알게 되었다. 그 제품은 양산 제품이 아닌 신규 개발품이었고 제작을 의뢰한 곳이 양산 사업부가 아닌 신규 개발 어플리케이션 출시를 앞두고 있는 개발 사업부였다.

불량 수량은 전혀 불량률에 영향을 주지 않는, 많은 생산 수량대비 단 몇 개밖에 안되는 숫자였다. 그렇지만 조립 미완성으로 인해 고객의 어플리케이션 출시 일정을 미루어야 하는 상황이 되었기 때문에 난리가 난 것이었다.

다행히 평상시 준비하고 있었던 긴급 대응 프로세스 중 하나가 작동되어 고객이 걱정했던 납기 문제를 해결하면서 예상보다 빠르게 문제를 진화할 수 있었다. 그 대응 프로세스 중의 하나는 신규 도면 중 생산 납기가 긴 제품은 마지막 핵심 공정 전 단계까지 동일 수량만큼 더 투입하는 것이었다. 난이도 높은 제품은 공정 개발 실패 시 고객 납기에 영향을 주지 않기 위해 백업의 개념으로 '원자재 두 배수 투입'이라는 대응 체계를 갖추고 있었기 때문에 가능했던 일이었다.

공급하고 남은 나머지 자재는 이후 양산 발주가 나오면 출하할 수 있기 때문에 길게 봐서 손실이 일어나는 일은 아니었다. 고객은 백업할 수 있는 반제품의 존재는 모르고 신규 자재 투입 시 소요되는 생산 납기만을 염두에 두었기 때문에 고객 어플리케이션 출시 일정에 차질이 빚어졌다고 판단한 것이다. 그러나 바로 백업이 이루어지고 납기 문제를 해결하였기 때문에 고객 불만은 조기에 수습, 진화될 수 있었다.

여기서 반성해볼 만한 교훈이 하나 있다. 문제가 맨 처음 접수되었을 때 그 문제를 바라보던 경영자나 관리자들의 자세이다. 고객이 왜 화가 났는지를 이해하지 못한 것이다. 고객 불량률이 중요한 성과지표이긴 하지만 목표 불량률을 만족하는 상황에서 '그 정도는 허용될 수 있는' 또는 '큰 문제 상황은 아닌데'라는 인식이 밑바닥에 깔려 있었다.

안전 지대에 놓여있다는 인식 때문에 불량 발생에 대해 '크게 문제되는 수준이 아니다'라는 방어적인 심리가 생겨났고, 그러한 심리는 문제 정황이 드러나기 전까지 적극적인 문제 현상 파악과 선제적인 대응 조치를 늦추게 만들었다.

또 다른 교훈은, 양산 불량과 개발 불량을 구분하여 관리하게 되는 계기가 되었으며, '불량 제로 달성'이라는 개념을 좀 더 세밀하게 다루는 기회가 되었다.
고정 관념에 사로잡혀, '늘 일어나는, 일상적으로 존재하는, 개선은 여기가 한계야, 이 또한 지나가겠지' 라는 인식과 태도로 문제를 대하고 있다면 조직은 언제 터질지 모르는 문제의 불안으로부터 자유로울 수 없을 것이다.

D1 단계(팀 구성)
팀 구성은 겉치레 형식이 아니다

팀 구성은 D0단계에서 파악한 문제의 유형과 심각성 즉, 위험의 크기에 따라 결정된다. 경우에 따라 최고 경영자가 비상 경영 회의체를 구성하여 문제 해결을 직접 지휘할 수도 있다. 팀의 구성은 왜 필요하고, 어떤 형태로 구성하는 것이 바람직할까?

상시 가동팀을 활용하라

규모가 크든 작든 거의 모든 조직에는 고유의 직무 기능이라는 것이 있다. 크게 보면 영업마케팅, 설계, 개발, 제조기술, 설비, 생산, 품질, 구매 및 지원 부서와 같은 기능들이다. 문제가 발생하면 각 기능 책임자들이 모여 원인 제공 기능을 중심으로 문제 해결을 위한 개선 활동을 시작한다. 그러한 활동은 평상 시 지속적 개선 활동의 일환으로 주기적으로 하느냐, 문제 발생할 때만 회의를 소집해서 비주기적으로 하느냐의 차이가 있다.

주기적으로 개선 활동을 하는 조직에서는 보통 제조 또는 품질 팀이 주관이 되어 상시 품질 개선 팀 활동을 한다. 이 경우 문제가 발생했다고 해서 별도로 팀을 구성할 필요가 없다. 별도의 팀 구성 없이 해당 사안에 따라 문제 해결을 위해 참여하는 멤버만 추가 또는 확대하면 될 것이다.

그러나 상시 개선팀이 존재하지 않는 조직이라면 문제 발생 후에 팀을 구성하여야 하는데 이를 위해 업무 협조전을 보내는 등 이해와 동의를 구하는 데 시간을 허비할 가능성이 크다. 즉 문제 해결이 늦어진다는 뜻이다. 결론적으로 팀 구성은 문제가 발생해서 업무 협조를 통해 팀을 구성하는 것이 아니라 미리 조직 내에 개선 팀이 구성되어 있고 활동하고 있는 상태가 최적이라는 것이다.

사업 규모가 크고 조직의 기능이 세분화되어 있는 곳은 기능별로 각 제품 담당자가 정해져 있어 문제 발생 시 해당 제품의 개선 팀을 꾸리는 것이 그리 복잡하거나 어려운 일이 아니다. 만일 문제가 발생했는데도 해결 팀을 빠르게 구성 못하는 조직이 있다면, 그리하여 D1(팀 구성)이 실질적이지 않고 형식적으로 이루어지는 조직이라면 문제 해결을 위한 팀 역량 발휘는 기대하기 어렵다. 품질 부서 담당자나 문제 해결 책임 부서에서 단편적으로 무리하게 문제를 해결된 것으로 정리할 가능성이 크기 때문이다. 그 결과는 근본적인 원인 파악과 재발 방지를 위한 다방면의 대책 수립을 어렵게 할 수 있다는 것을 의미한다.

팀 구성 시 책임과 권한을 명확히 하라

문제와 관련된 사람은 모두 팀에 포함되어야 한다. 그리고, D1 단계에서는 포함되지 않았더라도 원인을 분석하고 대책을 수립하는 과정에서 역할이 새로 생겨나면 팀원을 추가할 수도 있다.

팀 구성 시 필요한 책임과 권한을 소개하자면 다음과 같다.

1. 챔피언(Champion)

문제 해결을 위해 보고 받는 최고 위치에 있다. 문제 해결을 총괄 지휘하며 결과와 결정에 대해 최종 책임을 지는 위치에 있는 사람이다. 특히 대책에 대한 유효성을 평가하고, 재발 방지가 확실한지를 판단해야 하는 마지막 사람이다.

8D 보고서를 보면 챔피언이 없거나 형식적으로 이름만 올려놓는 경우가 많다. 챔피언으로 이름이 올라 간 사람은 최종 보고서에서 마지막 승인자여야 하며, 그냥 결재 도장만 찍는 사람이 아님을 자각해야 한다. 챔피언은 특히 빠른 의사 결정을 위해 다음과 같이 팀 리더를 적극 지원하여야 한다.

① 문제 해결에 최적의 팀 리더를 선정
② 고객, 최고 경영진과 연계되는 핫라인을 즉시 가동
③ 긴급한 경우 선 조치, 사후 보고와 동시 보고를 허용

④긴급 대책은 문서의 임시 제 개정 권한을 팀 리더에 위임
⑤긴급 시의 변경 관리 절차가 제대로 작동하도록 지원

내가 경영진이니까 모든 과정에 내가 관여하여야 하고, 그래서 내가 모든 것을 결정하겠다고 달려들어서는 안 된다. 그것이 챔피언으로서 문제 해결의 리더십은 아니다.

2. 팀 리더(Team Leader)

실질적으로 팀을 이끌며 문제 해결을 위해 실무를 총괄 지휘하는 사람이다. 팀 리더는 보편적으로 다음의 역할을 수행하여야 한다.

①실무적으로 문제 해결을 이끌 수 있는 능력 보유
②실시간 현황을 파악하고 정리하며, 고객 의사소통에 직접 참여
③과정과 결과에 대해 고객의 동의를 구하고 확인
④문제 해결 각 단계마다 챔피언에게 정확하고 신속한 보고
⑤각 기능(부서) 리더들과 현황에 대해 유기적으로 의사 소통
⑥팀원의 역할을 정확하게 배분하고 팀 활동 극대화를 위해 주도
⑦팀원 간의 인터페이스를 관리하여 시행착오나 지연 시간 방지
⑧문제 원인과 대책의 메커니즘이 맞는지 증명하고 문서화 책임
⑨반송 제품 승인(RMA) 검토 및 보고, 승인
⑩문제 해결의 기여도와 개선 효과성을 COQ(품질 비용)로 보고

팀 리더가 팀 활동 극대화를 위해 세부적으로 관리해야 하는 중요한 요소는 다음과 같다.

①팀 멤버의 책임과 권한을 명확화
②8D 일정 계획 수립과 조정
③팀 미팅 주기와 Agenda 설정
④고객, 공급자 및 관련 기능과의 의사소통 도구와 방법 결정
⑤8D 단계별 문제 해결 시간(TAT: Turn Around Time) 관리
⑥TAT에 영향을 주는 장애물 즉시 제거
⑦증거 수집, 데이터 분석 및 처리 방법 결정
⑧중간 단계의 임시 조치와 영구 대책에 따른 제품의 변경 관리
⑨데이터 취합, 정리 및 8D 보고서 작성에 관한 팀 내 약속 관리
⑩유효성 검증 및 재발 방지 결과가 교훈으로 연계되도록 관리
⑪감염 제품의 치종 판정과 고객 합의 사항 추적, 확이
⑫8D 마스터 목록을 통한 반성 회의 실시, 기록

3. 팀 멤버(Team Member)

상시 미팅에 참여하는 직접 멤버와 확대 미팅 시에 참여하는 간접 멤버로 구분될 수 있다. 간접 멤버라도 미팅 진행 과정과 의사 결정 사항에 대해서는 관심을 가지고 자신의 직무 관련성에 대해 주도적으로 판단할 수 있어야 한다. 팀 리더가 관련성이 없다고 보았어도

간접 멤버인 담당자는 본인의 직무 관련성을 찾아낼 수 있기 때문이다. 조직 내 미칠 수 있는 범위까지 파급 효과 또는 파생 효과까지 판단하라는 뜻이다. 누가 지시하거나 요청하여야 참여하는 수동적인 자세가 아니라 발생한 문제에 대해 자신의 기여할 바를 스스로 생각해보고 필요하다고 판단할 시 적극적으로 참여하는 자세를 가져야 한다.

팀 멤버는, 고객 불만의 경우를 예로 들면, 크게 다음의 역할을 담당하여야 한다. 다만 조직의 규모가 작을 경우 한 개 부서 또는 한 사람이 여러 역할을 수행할 수도 있다.

①고객 접점에서 고객과 의사소통을 하는 창구(고객 기술)
②문제 현상 파악 및 영향 조사(품질 보증, 제조 기술)
③유출 원인 분석(품질 보증, 제조 기술)
④발생 원인 분석(제조 기술, 개발)
⑤관리적, 시스템적 원인 분석(품질 보증)
⑥부적합 제품 회수, 판정 및 클레임 처리(품질 보증, 영업)
⑦부적합품의 백업 제품 납기 관리(영업, 생산 관리, 구매)
⑧비상 상황 시 대내외 조치(경영 관리)

4. 참여자(Participants)

문제의 발생 원인이 고객사의 제품이나 공정과 연관이 있다면 고객사의 참여를 요청하여야 한다. 현상 파악을 통해 누구의 귀책인지 문제를 정의할 때까지 고객사의 참여가 매우 필요하다. 아울러 원부자재나 부품 문제에 기인하거나 그럴 가능성이 있다면 해당 공급자도 팀에 참여하도록 요구하여야 한다.

상호 관련성 또는 귀책에 대해 문제 정의를 명확하게 하지 않고, 그리고 귀책에 대해 상호 동의하지 않고 조치에 들어가게 되면 올바른 해결이 어렵다. 또한 문제 해결 과정에서 지속적인 논쟁과 다툼이 일어날 수 있다. 누가 얼마만큼 보상하느냐 보상 책임의 관점이 아닌 문제의 근본 원인이 어디 있는지를 밝히는 게 고객이나 공급자의 참여가 필요한 이유이다.

이러한 참여자의 범위는 보통 D1 문제 정의 단계에서 결정된다. 정확하고 올바른 현상 파악이 안되면 문제를 잘못 정의하게 된다. 다른 길로 접어든 후에 원래 자리로 돌아오는 것을 피하려면 개연성이 조금이라도 있다고 판단되는 고객과 공급자는 근본 원인 결정 전까지 팀 멤버로서 참여하여야 한다.

참여자는 증상이나 현상 분석한 내용을 받으면 관련성을 스스로 판단해야 한다. 발생 원인이 불분명하거나 복합적일 경우, 그리고 단 기간 내에 결론이 나지 않을 경우, 참여자의 역할이 더 중요해지기 때문에 해당 조직의 전문가 및 의사 결정권자가 회의에 적극 참여할 필요가 있다.

참여 방식은 참여자가 내부 팀 회의에 주기적으로 참여하는 방식이 있고, 고객 또는 공급자의 대책 회의에 팀 리더와 팀원이 참여하는 방식이 있다. 문제의 크기, 시급성에 따라, 원인의 귀책성에 따라 참여 대상자와 주기 등이 결정될 것이다.

5. 기록원(Record Keeper)

일반적으로 기록원은 팀 구성 시 특별히 필요하다고 생각하는 역할은 아니다. 문제 해결 과정에서 자연스럽게 누군가 회의록을 쓰고 데이터를 수집하는 등의 역할을 하는 사람이 있기 때문이다. 하지만 팀 구성 시 기록 작성 스킬이 우수한 기록원을 참여자 중에 지정하고 기록의 목적, 범위와 방법을 정해두면 8D 프로세스의 결과물이 훨씬 더 견고하고 효과적으로 나타날 수 있다.

그 역할의 범위를 예로 들면 다음과 같다.

①회의 소집
②회의록 기록 및 배포
③팀원들의 데이터 수집 및 DB(데이터 베이스) 정리
④8D 단계별 보고서 작성 및 내용 업데이트
⑤문서 제 개정본 작성 및 결재 후 등록(임시 및 영구 대책)
⑥8D 보고서 작성 완료 및 결재 후 교훈 등록
⑦8D 마스터 목록 작성

8D 교훈의 정리는 문제 해결을 위해 행해진 모든 시정 및 시정 조치들을 시간별로 정리한 후 그 중 어떤 사항이 불필요했고 시행 착오였는지를 되돌아보는 반성의 목적이 크다. 기록원이 모든 시정과 시정 조치에 대한 이력을 정리하면 팀장은 8D 프로세스 전개 과정에서 조치 대비 결과의 유효성을 점검해야 한다. 조치에 불필요한 점은 없었는지 개선해야 할 점은 무엇인지 체계적으로 정리한 결과를 가지고 반성하는 자리가 꼭 필요하다. 그것이 교훈 관리이다.

이러한 기록원의 역할은 소규모 조직에서는 팀 리더가 병행할 수도 있고 팀 리더를 가장 가까이 지원하는 팀원 중 한 사람이 수행해도 된다. 기록원은 단순 '기록만 하는 사람'을 의미하는 것은 아니다. 회의록 및 보고서의 작성 스킬을 갖추고 효과적인 의사소통이 가능해야 한다. 기초 데이터를 수집하고, 기본적인 품질 관리 도구나 기법을 이용하여 1차 해석한 후 이를 중간 형태의 보고서로 전환해내는 역량을 갖추어야 한다.

최소한 팀원 중 한 사람은 그런 역할이 필요하다. '구슬이 서 말이라도 꿰어야 보배'가 된다고 했듯이 팀 내 잘 키운 기록원 한 사람은 팀 리더나 열 명의 엔지니어를 편안하게 할 수 있음을 명심해야 한다.

기록원은 지원하는 범위가 매우 넓고 시종일관 잘 정리된 회의록이나 보고서를 제공하기 때문에 팀 구성원들이 문제 해결의 논점을 흐리지 않고 각자 본연의 역할에 충실할 수 있도록 도와줄 수 있다.

6. 팀원 백업(보조원)

팀원으로 선정되었으나 이런 저런 이유로 100% 참여가 어려울 경우 팀원을 대신할 수 있는 보조원(백업 인원)을 두는 경우가 있다.

책임과 권한에 있어 정과 부의 의미와 같다. 이 경우 발생할 수 있는 문제점은 해당 역할에 있어 팀원과 보조원의 임무 수행 능력 차이, 원활하지 않는 의사소통, 정 부간 인수 인계 부재로 이력 파악 끊김, 개선 지연 및 이로 인한 책임 소재 불명확 등이다.

예를 들어 하루는 팀원이, 다른 하루는 팀 보조원이 백업으로 얼굴을 내미는 정도의 형식적 참여만 이루어진다면 해당 업무의 효과적인 수행과 의사 결정은 어렵게 된다. 따라서, 팀원이 100% 참여가 어려워 백업이 필요할 경우 팀원과 백업 역할에 대한 관계를 팀 리더가 정확하게 파악하는 것이 필요하다.

팀원의 소속 부서 리더가 팀원이 바쁘기 때문에 일회성 땜질을 위한 방편으로 백업을 참여시키고 있다면 이는 바람직하지 않다. 그 백업 인원을 통한 팀원의 역할 대체 및 업무 연계가 어렵다고 보기 때문이다.

D2 단계(문제 정의)
서로 동의해야 한다

D2는 현상 파악을 통해 문제를 정의하고 영향을 받은 범위(공정, 자재, 기간 등)를 규정하는 단계이다.

두 가지 핵심 목표가 있는데, 문제의 현상과 범위를 정확하게 진단하는 것과 가능한 빠른 시간 내(보통은 만 하루 내)에 현상 파악을 완료하는 것이다.

현상 파악이 잘못된다는 것은 문제 범위와 문제 해결을 위한 원인을 찾는 데 실패하거나 시간이 지체되어 피해가 더 커진다는 뜻이다. 문제 현상을 늦게 파악하는 것 또한 피해 규모를 더 키울 수 있기 때문에 D2 단계에서는 평상시 빠른 기술적, 관리적 대응 체계가 수립되어 있어야 한다. 조직의 문제 해결 역량을 가늠하는 첫 관문으로 D2 단계에서 고려해야 하는 사항들은 다음 관점에서 살펴볼 수 있다.

5W2H로 간단 명료하게 기술하라

문제 정의는 5W(Who, What, When, Where, Why) & 2H(How, How many)로 간단 명료하게 기술할 수 있어야 한다. 5W2H는 7가지 질문으로 문제를 정의하는 구조화된 용어이다. 그런데 D2 단계에서 5W2H를 전개하다 보면 관점의 차이 때문에 전개에 혼란을 야기하는 경우가 있다. 문제 발견 시점, 유출 시점과 원인 발생 시점에 따라 5W2H의 내용이 다르기 때문이다.

5W2H는 문제 발생 시점에 먼저 정리되고 유출 원인이 밝혀지면 유출 관점에서 또 정리가 된다. 근본 원인 분석이 끝나 D5 영구 대책이 수립이 되면 원인 발생 관점에서도 5W2H를 정리할 수 있다.

따라서, D2 단계에서 D5 단계까지 진행되어야 비로소 5W2H가 완성된다고 볼 수 있다. 위와 같이 문제 정의를 세 가지 관점에서 규정할 수 없다면 정확한 원인과 대책을 수립하였다고 보기 어렵다.

정확한 현상 파악의 조건

1. 프로세스(Process)와 디프로세스(De-Process)

제품을 완성하기 위해 공정을 앞쪽부터 순서대로 진행하는 것을 '프로세스'라 한다. 불량 발생 시 제품 또는 반제품 상태에서 원인 공정을 찾기 위해 공정 역순서로 분석해 들어가는 것은 '디프로세스'

라 한다.

단위 공정 표준들이 모여 하나의 제품 관리 계획서(Control Plan)로 정의된다면 불량이 발생했을 때 원인을 찾아가는 디프로세스도 표준으로 수립되는 것이 필요하다. 어떤 불량, 불만이든 제품과 서비스가 만들어지거나 공급되는 과정의 반대 방향으로 원인을 추적할 수 있는 절차를 표준화하지 않고는 체계적인 D2 및 D2 이후 단계를 수행하기 어렵다. 특히 제품 기능 불량과 같은 해체 작업이나 파괴 검사가 필요한 불량은 정확한 원인을 찾기 위한 디프로세스 레시피 개발이 필수적이다.

이러한 레시피 개발의 진전은 분석 장비의 발달과도 밀접한 관계를 가지고 있다. 눈으로 확인이 어려운 불량(No Visual Defect 또는 Not Trouble Found)은 특히 디프로세스 레시피의 체계적인 개발 여부에 의존하기 때문에 조직의 분석 기술 진전 여하에 따라 문제 정외외 결과가 다르게 나타날 수 있다.

2. 분석

디프로세스 절차 또는 레시피에 따라 분석을 실시하여야 한다. 분석 엔지니어는 숙달된 방법으로 디프로세스 단계별 분석의 관점을 놓치는 일 없이 객관적인 결과를 도출하기 위해 힘써야 한다. 분석은 제품 기준으로 디프로세스 전체 단계를 일괄적으로 한 사람이 수행하는 방법이 있고, 디프로세스 각 단계별 전문 분석 엔지니어를 두어 그들의 분석 결과를 연결하고 취합하는 방법이 있다.

어떤 방법이든 분석 결과를 해석하고 판단하는 엔지니어는 각 단계별 분석 기법이나 분석 기기의 특성을 잘 이해하는 전문가여야 하며, 보통 팀 리더가 이러한 역량을 가지고 있어야 한다. 분석 과정에 이상은 없었는지 중간중간 확인을 하고 최종 분석 데이터를 검토해야 한다. 모든 분석이 끝난 다음 무엇이 누락되었다는 식의 추궁이나 논쟁만큼 어리석은 일은 없다. 왜냐하면 그때는 분석의 대상 또는 증거물이 사라진 상태일 수 있기 때문이다.

분석은 비파괴적인 분석(외관 검사 또는 전기적인 기능 분석)과 파괴 분석이 있다. 비 파괴 분석 결과에 따라 파괴 분석이 필요할 수도 있고 그렇지 않을 수도 있다. 파괴 분석을 수행할 경우에는(고객 불량인 경우) 분석 방법, 기대 결과에 따른 판단과 조치 방향 등에 대해 고객과 사전에 공유할 필요가 있다. 특히 분석 시료개수가 제한적일 경우 분석의 DOE(Design Of Experiment)를 필히 수립, 사전에 분석 시나리오를 공유하여야 한다.

분석의 실패나 오류는 아예 원인 규명의 기회를 놓치거나 D2의 시간 지연에 크게 영향을 끼치는 일이 될 수 있다.

3. 검증

현상 파악 단계에서 검증은 크게 두 가지 방법으로 나누어진다. 현상 분석 결과에 따른 재현성 평가와 관련 데이터(제조 이력, 품질 지표 등) 조사를 통한 상관성 평가 방법이 그것이다.

첫 번째의 경우, 주로 감염 제품 군(Affected Lot)에서 샘플링을 하여 문제 현상이 재현되는지 시험을 통해 확인하는 것이다. 고객의 실장 레벨과 공급자의 단품 레벨 차이로 동일한 불량 검증 환경을 구현하기 어렵다면 고객과 검증에 대한 방법을 협의하여야 한다. 현상 분석을 통해 재현성이 검증되면 원인 규명이 쉬워지고 따라서, 대책 수립 및 문제 종결까지 빠르게 진행될 수 있기 때문에 D2 단계에서는 분석의 기술과 경험이 매우 중요하다.

두 번째는, 현상에 대한 분석 방법이 뚜렷하지 않아 분석하더라도 결과가 원인 불명 결함(No Visual Defect 또는 Not Trouble Found) 형태로 나올 가능성이 큰 경우이다. 현상에 대한 분석과 재현성 검증이 어렵기 때문에 제조 이력과 데이터 추적을 통해 가능한 원인을 분석하는 방법이다.

4. 불량 정보(데이터) 수집

문제가 발생했을 때 가장 먼저 확보해야 하는 정보는 무엇일까?

문제 발생과 동시에 충분히 파악하여야 하는 데이터는 문제 및 감염 롯트의 제조 이력이다. 고객이 '문제 발생했다'는 단순 정보만을 제공할 수도, 시정조치 요구서와 같은 양식을 통해 필요한 정보를 충분히 제공할 수도 있다. 바람직한 방법은 비즈니스 계약 전 고객 요구사항 검토 단계에서 '불량 발생 시 상호 제공하여야 하는 불량 정보'에 대해 합의하고 지킬 수 있도록 미리 프로세스를 구축하는 것이다. 이러한 선행조건이 잘 갖추어진 상태에서는 문제 발생 시 정보 공유의 시간을 허비하지 않고 빠른 시간 내에 현상 파악을 할 수 있다. 고객 불만 처리 프로세스에 이러한 디테일이 구축 안 되어 있는 조직은 문제 발생할 때마다 고객의 불량 정보를 파악하는 데 시간을 허비하기 때문에 궁극적으로 임시 조치 및 원인 파악의 골든 타임을 놓치는 경우가 발생한다.

검증을 위해 필요한 고객 불량 정보는 출하 제품과 불량 제품 목록, 불량 롯트별 수량, 불량 발생 공정과 어플리케이션 레벨, 공정, 시험 또는 검사 조건, 관련 고객 품질 지표 변화(불량 모드, 불량률 등) 및 공정 변경 여부(설계, 공정, 시험 또는 검사 변경) 등이 있을 것이다.

고객 불량 정보는 고객과 사전에 정의하기 어렵고, 문제 발생 시 고객이 알려주는 정보로는 원인 파악에 부족한 수준일 수 있다. 따라서, 공급자 위치에 있는 조직은 평상시 문제 예방의 관점에서도 해당 품질 지표와 주요 변경(예: 고객 제품 변경, 공정 변경, 검사 변경, 품질 지표 등)을 충분히 파악하고 있는 것이 필수적이다.

5. 유출 공정 먼저 찾기

불량이 발생한 곳에서 역으로 가장 가까운 시험 또는 검사 공정이 유출 공정이다. 보통 최종검사 또는 출하검사라고 한다.

최종검사 이전에 걸러낼 수 있는 중간검사 공정이 있다면 왜 앞서 걸러내지 못했는지 검사의 목적이나 차이점을 분석하여야 한다.

불량이 왜 고객으로 유출되었는지 그 현상을 정확하게 파악하기 위해서는 검사 공정별로 발생하는 불량 모드가 무엇인지 얼마의 비율로 발생하는지 데이터 분석이 이루어져 있어야 한다.

이러한 데이터 분석이 평상시 개선 활동을 통해 이루어지고 있다면 고객 불량 발생 시 해당 불량 분석이 실패하더라도 간접적인 원인 파악에 도움이 될 수 있다. 최소한 우연 원인에 의한 불량(기존 알고 있는 유형)인지 이상 원인에 의한 불량(부적합에 의한 유형)인지 파악할 수 있어 추가 유출 방지를 위한 임시 대책 수립이 용이하다.

6. 감염 범위 조사

문제 증상과 제조 공정의 규모(공정의 복잡성, 공정 순서의 길이, 제주 기간 등)에 따라 감염 범위는 쉽게 빠르게 파악할 수도 그렇지 않을 수도 있다.

1차 파악해야 할 데이터는 의심 공정을 중심으로 감염된 기간(Affected period), 대상(Affected material) 및 수량(Affected quantity)이다. 감염 기간은 해당 불량 롯트의 제조 시작과 제조 완료까지, 감염 대상은 그 사이 제조된 모든 제품들, 그리고 감염 수량은 그 사이 제조된 수량이다. 이는 불량 롯트의 추적 정보만 가지고도 파악할 수 있어야 한다.

2차 또는 동시에 파악해야 할 데이터는, 해당 감염 기간에 불량 롯트를 중심으로 수율이나 불량 추이 변화, 과거 또는 현재 동일한 불량 발생 여부, 통계적 공정관리 데이터 등 공정 품질 지표 추이 변화이다.

6M(Man, Material, Method, Machine, Milieu, Measurement) 변경 여부, 부적합 발생 여부(제조 설비 포함), 재작업 또는 수리 여부, 정기적/비정기적 설비 보수 시점 등을 확인하는 것도 중요하다. 신뢰성 문제일 가능성도 있기 때문에 주기적 신뢰성 모니터링 데이터나 다른 목적으로 수행한 신뢰성 시험 결과도 참조하여야 한다. 특히 공정 특성 변경(공정 입력 변수)은 세밀하게 기록하지 않는 조직이 많기 때문에 평상시 이의 추적 관리가 선행될 필요가 있다.

제조 이력에 대한 분석이 잘 되기 위해서는 조직이 설정한 방법으로 평상 시 기록 및 데이터 관리가 잘 실행되어야 한다. 제조 이력에 대한 기록은 조직의 기록 방침에 따라 엄격하게 관리되어야 하며 고객의 주요 요구사항 중 하나이기도 하다.

방대한 데이터를 수작업으로 처리하여 효과적으로 분석하기 어렵다면 적절한 정보화 시스템으로 통계적 처리할 수 있어야 한다. 고객이 ERP(Enterprise Resource Planning)나 MES(Manufacturing Execution System)를 선제적으로 갖추도록 요구하는 상당한 이유가 여기에 있다.

분석과 검증을 통해 최종적으로 문제를 정의한다는 것은 그 문제의 귀책이 누구에게 있는지 즉 고객, 조직, 원부자재 공급자 또는 복합적 귀책 여부가 정해진다는 뜻이다. 문제 정의에 대해 서로 일치된 견해를 가지지 않고 그 다음 원인 분석 단계를 진행하기는 어렵다.

　길이 없는 산을 올라가는 것처럼 험난한 과정이 앞에 놓일 수 있다. 예외적으로 D2 단계에서 명확히 귀책을 정의하지 못해 D4 근본 원인 파악 단계까지 분석과 검증의 과정을 계속 이어나가는 경우도 있다. 이러한 경우에는 고객과 합의된 검증 방법과 일정을 공유하면서 진행할 필요가 있다.

　어떤 의미에서 분석과 검증은 D2에서부터 D4까지의 과정을 통틀어 폭넓게 이루어지기 때문에 단계별 경계를 명확하게 구분하기 어려울 수도 있다. 이유는 분석과 검증을 통한 문제 정의(D2), 분석과 검증을 통한 임시 조치(D3), 분석과 검증을 통한 근본 원인 파악(D4)이 동시 필요성과 연계성을 가지고 있기 때문이다.

7. 추적성(Traceability)

　추적성은 문제 발생 시 이를 추적하여 빠르게 효과적으로 문제를 차단하는 것이 목적이다. 따라서 문제 현상을 정의하기 위해서는 제품 추적성 시스템이 필요하다. 사업의 계약 검토 단계에서 이러한 시스템을 먼저 갖추기를 고객은 요구할 수 있다.

자재 관리, 공정 관리, 설비 관리, 제품 관리 및 각 지표 관리 등을 정보화 시스템으로 운용하는 조직은 문제 발생 시 감염 범위를 빠르게 파악하여 더 이상의 발생이나 유출을 차단할 확률이 높다. 가능한 감염 기간과 범위를 설정하여 빠르고 정확한 임시조치를 가능하게 하기 때문이다. 어쩌면 문제 발생에 대한 이런 빠른 대응 시스템이 고객을 떠나지 않게 하는 중요한 요소이기도 하다. 문제가 발생했는데도 문제를 정의하고 즉시 차단하지 못하는 공급자를 고객은 인내하지 않는다. 2차 쓰나미가 거기에서 비롯되기 때문이다.

사업의 규모에 따라 정보화 또는 자동화 관리 시스템을 갖추지 못한 조직은 수작업이라도 추적 가능한 시스템을 갖추어야 한다. 정보화 시스템을 갖춘 조직도 정보화 시스템이 가동 안 되는 비상상황을 고려하여 최소한의 수작업 시스템을 백업으로 갖추어야 한다.

수작업 방법의 추적 관리 시스템은 관리계획서(CP: Control Plan)에 바탕을 둔 런 시트(Run Sheet) 또는 추적 카드(Traveler Card)를 이용하는 것이 보편적이다. 조직마다 제품마다 공정마다 수작업 관리 방법은 다를 수 있지만 위에 언급한 분석과 검증의 지표들이 기록으로 남아 추적할 수 있도록 관리되어야 한다.

제품 추적성 시스템을 갖추지 못한 조직은 문제 발생 시 '얼마나'와 '얼마 동안'을 정의하기 어렵기 때문에 문제 차단이 안 되거나 실제 발생 규모 이상의 범위로 강제 차단하여 큰 손실을 떠안는 경우도 있다. 문제의 현상을 보고 그 감염 가능한 원인을 추적, 진단하지 못하니 간단한 범위도 크게, 큰 범위도 간단하게 처리하여 나중에 화를 더 키우기도 한다.

8. 지속적 개선 팀 활동 여부

문제가 발생한 시점에 지속적으로 품질을 개선하는 팀이 존재하느냐 그렇지 않느냐는 문제 해결의 가장 큰 조건이다. 지속적 개선 팀이란 평상시 주기적인 개선 활동을 통해 문제의 유형, 발생 빈도나 개선 추이를 잘 알고 대책과 유효성 모니터링을 펼쳐나가고 있는 상태이므로 문제가 발생하더라도 별도의 팀 구성없이 즉각적인 이력 조사, 현상 파악 및 대처가 용이하다.

이러한 개선 팀 활동이 비주기적 또는 활성화되어 있지 않는 조직은 문제 발생 시 현상을 파악하는 데까지도 상당히 오랜 시간이 걸릴 수 있다. 그것은 기상 관측 시스템에 의하지 않고 하늘에 먹구름이 몰려오는 것을 맨 눈으로 보고서야 우산을 준비하는 것과 같다.

골든 타임 24시간이 중요하다

문제 현상을 정확하게 파악하고 D3 임시 조치 단계로 넘어가기 위해서는 D2 단계에서 최대한 시간을 단축하여야 한다. 현상 파악은 불량 시료를 접수한 시점부터 만 24시간 이내에 완료하는 것을 목표로 하여야 한다.

빠른 시간 내에 현상 파악을 하지 못하면 원인 증거가 사라져 원인 파악이 어렵거나 발생이 지속되어 피해가 더 커질 수 있다. 만 하루를 목표로 문제 현상을 파악하고 빠르게 임시 조치를 취하기 위해서는 어떤 관리가 필요할까?

1. 문제를 접한 담당자와 팀장이 해야 할 일

문제로 인해 피해를 입은 고객에 우선 사과의 뜻을 표하고 빠른 시간 내에 개선 조치할 것을 약속한다. 입수한 고객 정보에 근거하여 위험의 크기를 재빨리 파악하고 더 필요한 정보가 있으면 고객에 즉시 협조를 요청한다. 특히 불량 시료 회수를 위한 방법을 점검하고 해외 고객인 경우 최대한 만 24시간 이내에 회수할 수 있도록 대책을 강구해야 한다. 이러한 대책이 용이하도록 평상시 비상 조치 계획(Contingency Plan)에 따라 불량 시료 회수 루트가 준비되어 있어야 한다.

정해진 절차에 따라 경영진에 상황을 보고하고, 해당 시 선제적으로 생산 중단, 선적 중단이나 고객 사용 중단을 요청한다. 상시 가동 중인 개선 팀이 없다면 문제 해결 주관 팀장이 주도하여 빠른 시간 내 팀을 구성한다.

2. 처음 수집하는 정보의 완성도를 높여라

문제가 발생했을 때 고객은 메일이나 시정조치 요구서(Corrective

Action Request)를 이용하여 문제 발생에 대한 개선 대책을 요구한다. 이러한 고객 불만 통지나 요구는 고객이 사용하는 양식을 통해 고객의 관점에서 작성되기 때문에 문제를 분석하는 조직의 관점에서 꼭 필요한 정보를 한꺼번에 다 얻기가 어려울 수 있다. 그렇기 때문에 문제 발생 시에 필요한 정보를 요청하고 받고 또 질문하고 답을 듣고 하는 과정에서 현상 파악 시간이 크게 지체될 수가 있다. 또한 고객의 짜증을 유발할 수도 있으니 가급적 필요한 정보에 대해 질문하고 또 질문하고 하는 식의 접근은 피해야 한다.

그러므로 가장 좋은 불량 정보 수집 방법은 고객이 시정조치 요구서를 발행할 때 조직이 원하는 정보를 한꺼번에 받을 수 있도록 하는 것이 매우 중요하다. 문제가 터질 때마다 두서없이 이 사람 저 사람 데이터나 정보를 요청하는 것이 아니라 미리 고객과 사전 합의한 절차에 따라 정해진 방법으로 필요한 정보를 체계적으로 받을 수 있도록 하는 것이 바람직하다.

이것은 고객과의 사업 시작 단계에서 계약 검토나 '고객 불만 처리 절차' 방법을 논의할 때 고객의 시정조치 요구 방법도 합의로 이끌어내는 것이 좋다.

즉 조직이 현상파악을 위해 원하는 정보를 받을 수 있도록 고객이 어떠한 정보를 주어야 한다는 것을 어떤 형태로든 문서화하는 것이다. 조직이 필요로 하는 정보 목록을 고객 시정조치 요구서 양식에 추가 또는 첨부하게 함으로써 현상 파악을 빠르게 진행하고 최대한 정보 누락에 의한 판단 미스가 없도록 해야 한다는 뜻이다.

3. 증거물 회수 시간에 달려 있다

문제(예, 불량)에 대한 정보는 접수하였는데 증거(예, 불량품)에 대한 입수가 늦어져 문제 정의가 늦어지는 경우가 더러 있다. 특히 해외 고객의 문제 발생 시 증거물을 입수하는 데 물리적인 거리 때문에 시간이 오래 걸린다면 어떻게 하여야 할까?

여러분의 조직에는 각 고객 사이트마다 고객불량 발생 시 증거물을 입수하는 시간과 방법이 규정되어 있는가? 자체적으로 현지 법인이나 현지인을 통해 입수하지 않고 고객이 손수 증거물을 보내주어야 이후 분석을 진행할 수 있는 상황이라면 우리의 문제 해결 속도는 고객의 신속한 협조 여하에 따라 결정될 것이다.

고객이 증거물을 늦게 보내주면 8D가 늦어지는 이유를 고객 탓이라고 변명할 것인가?

결론적으로 말하면, D2 단계에서 증거물을 통해 문제를 최종 정의하여야 할 경우 그 증거물을 최대한 빠른 시간 내에 어떻게 입수하느냐가 8D 성과 지표인 TAT(Turn Around Time)에 큰 영향을 미치게 된다.

4. 포괄적 선제적으로 조치하라

제품 불량이 발생했을 때 가장 먼저 접수해야 하는 정보는 무엇일까? 최소한 불량이 몇 개이고 그 불량이 포함된 롯트 번호는 무엇인지, 그리고 고객이 말하는 불량 현상은 무엇인지를 먼저 파악해야 하지 않을까? 최소한의 정보를 바탕으로 공정 이력과 감염 범위를 파악하고 문제 현상 분석 이전이라도 생산 중단, 선적 중단 및 출하된 제품의 고객 사용 중단 등을 검토하고 조치할 수 있어야 한다.

이러한 검토와 조치는 D2 문제 정의 단계에서부터 D3 임시 조치가 동시에 시작됨을 의미한다. 특히 가능한 불량 원인이 조직의 공급자 부품이나 원부자재에 기인한다면 그 감염 범위는 매우 넓기 때문에 필히 포괄적이고 선제적이고 단계적인 조치를 신속하게 계획하고 실행할 필요가 있다. 그렇지 않으면 2차 피해 즉, 문제 확산이라는 대형 쓰나미를 막을 수 없게 된다.

5. 리스크 크기를 재확인하라

D0 단계에서 리스크 크기를 판단하는 것이 다소 경험가 감각에 이존하는 일이라면 D2 단계에서 리스크 크기를 재확인하는 것은 좀 더 구체적이고 직접적인 데이터에 근거한 판단이 된다.

D0의 판단이 D2 현상 파악 후에도 다르지 않을 수 있지만 현상 파악을 통해 어느 정도 원인이 추정되면서 리스크가 갑자기 크게 급부상하는 경우도 있다. 따라서, 리스크 크기에 대한 분석과 판단은 D0에서부터 D4 원인 분석과 피해 규모가 완전히 파악될 때까지는 경계를 늦추지 말고 지속되어야 한다. 그 리스크의 크기에 따라

언제든 ERA 프로세스를 가동할 수 있어야 한다.

귀책이 어디에 있는지 명확히 정의하라

D2 문제 정의의 마지막은 현상 파악을 통해, 또는 더 나아가 분석 및 검증을 통해 누구의 귀책인지를 명확히 짚고 넘어가는 것이다. D2에서 조직의 문제로 결론이 나면 이후 진행시에 논쟁의 여지가 없게 된다. 문제 원인이 고객 쪽, 공급자 쪽 또는 복합적으로 얽혀 있다는 판단을 하게 되면 해당 고객 또는 공급자와 이에 대한 인식을 필히 같이하여야 한다.

고객이나 공급자가 동의하지 않을 경우 일방적으로 우리 조직의 문제가 아니라고 내팽개칠 수 없기 때문에 복잡하고 어려운 일이기는 하지만 다음과 같은 전개 방식을 고려할 필요가 있다.

①팀 구성을 위해 고객과 공급자의 참여
②기술적인 분석과 의사 결정이 가능한 고객과 공급자 포함
③문제 정의를 위한 DOE(실험 계획법)를 수립하고 합의
④DOE 결과에 대한 데이터 해석 방법에 대해 결정
⑤결과에 따른 귀책을 사전에 정의

간혹 귀책 증명에 실패하는 경우가 있는데, 그것은 현상 파악을 위한 불량 시료 또는 잠재 불량 군의 시료가 적은 경우이다. 시료의 크기를 고려하지 않고 DOE를 수립하거나 불완전하게 소모해버리는 경우 귀책 증명에 도달하지 못할 수도 있다.

이런 경우 문제 정의에 대한 합의가 이루어지지 않아 이해관계 상 힘의 논리로 귀책을 떠안게 될 수가 있다. 따라서, 귀책 증명을 위한 DOE 수립 시 불량 시료를 통해 확인해야 할 사항, 양품을 통해 확인해야 할 사항 및 데이터 분석을 통해 간접적으로 확인해야 할 사항 등을 사전에 협의하는 것이 중요하다.

D3 단계(임시 조치)
불부터 끈다

저지선을 구축하라

D3는 문제 현상이 더 이상 지속되지 않도록 조기에 차단하여 최대한 고객을 보호하는 단계이다. 이는 D5 근본 대책 수립 전까지 계속 이어진다.

아이가 놀다가 다쳐서 피가 난다면 병원에 가서 치료받기 전까지 우리는 어떤 조치를 취할까? 우선 피를 멈추게 하려는 행동을 하지 않을까? 화재가 발생했다면 소방서에 신고하거나 소방차가 오기 전에 어떻게 해서라도 불을 끄려는 행동을 하지 않을까?

이처럼 D3 임시 조치는 발생한 문제에 대해 고객이나 조직 내부에 더 이상의 피해가 발생 또는 확산되지 않도록 즉각 조치하는 단계이다. 이러한 임시 조치는 D0 단계에서부터 이미 시작되어 D2 현상파악을 거치면서 D3에서 구체화된다.

D3 단계에는 두 가지 핵심 목표가 있는데 첫째는, 감염된 문제 범위를 규정하고, 가능한 빠른 시간 내에 임시조치를 수립하여 고객에 통지하는 것이다. 둘째는, 감염 범위를 파악하였으면 저지선을 구축하고 문제가 더 이상 고객에 유출되지 않도록 조치하는 것이다. D3 단계를 꼭 거치지 않을 수도 있다. 현상이 단순하고 문제 원인이 명확하면 임시조치 없이 바로 D4 원인 분석을 거쳐 D5 근본 대책을 진행하면 된다.

원부자재나 부품의 문제 또는 주요 핵심 공정이 문제 원인이어서 감염 범위가 넓고 깊다면 분석과 검증 때문에 D3 단계가 의외로 길어질 수도 있다. 기존의 품질 보증 체계에서 걸러지지 않은 문제가 고객 사용 도중에 일어나는 신뢰성 또는 장치상의 문제라면 근본 대책이 마련되기 전까지 검증과 조치가 여러 번 진행될 수도 있다.

이런 과정을 D4 원인 분석의 단계로 보는 경우도 있지만 근본 원인으로 판명되기 전까지는 중간 과정의 원인과 그에 따른 대책이 영구적이 아닐 수 있기 때문에 D3 임시 조치 단계로 분류하는 게 적절하다는 생각이다.

D3는 원인 분석을 통해 근본 대책이 적용되기 전까지 유지되며, 근본 대책 적용 때부터는 임시 조치가 공식적으로 만료되거나 근본 대책에서도 계속 유효한 대책으로 살아남을 수 있다. 고객이나 조직 내부의 피해가 더 이상 발생하지 않도록 D3 임시 조치 단계에서 고려해야 하는 중요 사항들은 어떤 것이 있을까?

D3 임시 조치의 최우선 고려 사항은 고객에 미치는 영향을 차단하는 것이다. 현상 파악 정도에 따라 조치 내용이 다르겠지만 각 구간 즉, 생산 중단, 출하 중지, 이미 출하된 제품의 반품(리콜)과 필드(최종 사용자) 반품까지 조치 범위를 나누어 판단하여야 한다.

고객 피해를 최소화하기 위한 저지선이 어디인지 확인하였으면 구간 별로 감염 정도(예, 불량이 포함된 롯트 수량)를 파악하는 조치를 취하여야 한다. 그 조치에 대한 판단을 위해 해당 구간 감염 정도에 대한 평가 방법을 협의하고 D4 원인 분석과 D5 근본 대책 수립이후 감염 대상에 대해 구제할 수 있는지 없는지 별도의 검증 계획을 수립하는 것이 D3 임시 조치 단계에서 필요하다.

현상 분석과 검증을 통해 일단 저지선 구축이 되었다면 이후 기술적인 조치와 리스크를 줄이기 위한 관리적인 조치를 다음과 같이 고려할 수 있다.

①감염 단계와 정도를 규정하고 단계별 제품 검증 계획 수립
②감염을 제거 또는 재생(재작업, 수리)할 수 있는지 조건 찾기
③특채 여부를 판단하기 위한 신뢰성 시험 조기 투입
④생산 재개를 위한 유출 방지 조건 우선 적용
⑤임시 조치에 대한 사전 고객 동의 진행
⑥잠정 조치에 대한 영향 고려

⑦해당 시 잠정 조치(조건 변경) 제품에 대한 인증 계획 수립

⑧감염 대상에 대한 평가와 최종 판정 계획 수립

⑨모든 임시 조치에 대해 고객과 서면 공유 및 고객 동의

위와 같은 조치들이 단계적으로 이루어지면 D3 보고서(Interim Report)를 작성하여 고객과 공유, 또는 고객 요구에 따라 보고하여야 한다.

2차 피해를 막아라

문제로 인한 고객의 영향을 최소화하고 2차 피해를 막기 위해 저지선을 구축하였다면 D3에서 또 중요하게 고려해야 하는 사항은 무엇일까? 문제가 발생했을 때 감염 대상 제품이 모두 폐기될 수 있다는 가정하에 목표 납기를 충족할 수 있는 보유 물량 확인과 이의 부족시 백업 생산 계획을 수립하는 일이 바로 그것이다.

즉, 문제에 대한 원인 분석과 대책 수립만큼이나 중요한 것이 공급망의 결함이 발생하지 않도록 조치하는 것이다. 추적성 조사를 통해 감염 정도, 규모, 위치를 정확하게 규명하고, 분석과 검증을 통해 감염 대상을 구제(특채)할 수 있는지 평가하는 것도 백업 생산 계획을 수립하는 데 중요한 몫을 한다.

각 저지선 단계에 묶여 있는 감염 대상의 평가와 그 결과에 따라

백업해야 하는 공급량이 달라지므로 D3 단계에서 엄중히 고려해야 하는 사항이 바로 고객 납기 영향이다. 특히 팀 리더는 문제 발생 초기에 고객 납기에 영향을 미칠 수 있는 사안인 지를 재빨리 판단하여 생산 관리나 구매 관리 책임자가 D1 팀 구성부터 참여하도록 조치해야 한다.

문제 발생으로 인한 공급망 결함 방지는 BCP(Business Continuity Plan) 프로세스 즉 사업 연속성 계획에 바탕을 둔 비상계획 관리 프로세스를 체계적으로 갖추는 일에서부터 시작한다.

D4 단계(원인 분석)
3X 5Why로 증명한다

D4 단계의 목표는 근본 원인을 찾아내는 것이다. D4는 원인 분석을 시작하는 단계가 아니라 원인 분석을 완료하는 단계이며, 실제 원인 분석은 시점적으로 D2 현상 파악에서부터 시작된다고 보는 것이 타당하다.

  D2 단계에서 5W 2H를 통해 왜(Why)를 찾아내는 것이 1Why이고, D3 임시 조치에서 2Why ~ 4Why를 확인하고 검증하는 과정을 거치면서 D4 단계에서 최종적으로 가능 원인과 근본 원인을 도출해낸다고 보면 된다. 물론 직관적이고 원인이 단순한 문제는 D3 임시 조치라는 단계를 거치지 않고도 D2 문제 정의(현상 파악) 단계에서 바로 D4 원인 분석이 가능하다.

  D4는 세 가지 원인 관점에서 분석을 전개하여야 한다. 그 세 가지는 유출 원인, 공정(발생) 원인 및 시스템 원인이며, 각각의 축에서 5 Why라는 도구(Tool)을 사용하여 근본 원인을 밝혀내는 방법이 3X(엑스) 5Why이다.

5Why는 D4 단계에서 근본 원인을 찾아내기 위해 보편적으로 사용하는 원인 분석의 도구이다. 이 3X 5Why가 8D에서 가장 핵심적이고 어려운 부분이며, 8D 전체 단계에서 필히 적용되어야 하는 가장 중요한 도구라고 해도 과언이 아니다.

유출 원인

문제가 발생하면 가장 먼저 조사해서 조치해야 하는 일이 유출 여부와 유출에 따른 대응 조치이다. 여기서 유출이란, 원인 공정에서 문제 제품이 걸러지지 않고 후공정으로 지나가버린 상태를 말한다. 문제 발생 초기에는 원인 공정을 모를 수 있기 때문에 가장 먼저 판단해야 하는 것이 고객으로의 유출 여부이다.

문제 감염 대상과 범위를 파악하는 것과 동시에 고객을 보호하기 위한 조치를 우선 실시하여야 한다. 그 조치로서 조직은 과감한 선적(출하) 중지와 감염 추정 공정의 중단을 주저해서는 안 된다. 또한 고객에 출하된 제품의 적극적인 리콜(Re-Call)을 통해 문제 확산으로 인한 피해를 조기에 차단하여야 한다. 문제 봉착의 위기 상황에서 체계적이고 빠른 의사 결정을 어떻게 이뤄내느냐, 그래서 어떻게 문제로부터 고객을 보호하느냐가 그나마 떠나는 고객의 마음을 붙잡을 수 있는 방법 중 가장 큰 부분이다.

그것은 D3~D4 단계에서 유출 원인에 대한 적절한 임시 조치와 근본 조치 여하에 달려있다고 해도 과언이 아니다.

이러한 유출 원인에 대한 판단과 조치는 빠르면 D2에서부터 시작되고 늦어도 D3에서는 실행되어야 한다. 즉 시간을 다투는 일이어야 한다. 접근 방법은, 고객 또는 후공정으로 문제가 유출되었다면, 문제 발생 공정부터 문제 발견된 곳까지 해당 문제 또는 문제 원인을 걸러낼 수 있는 모든 검사 또는 시험 공정이 유출 원인 분석 대상이 된다.

예를 들면, 고객으로 공급한 제품에 문제가 발생하였다면 공급되기 직전 마지막 검사 또는 시험 공정에서 어떻게 해당 문제가 걸러지지 않고 빠져나갔는지를 가장 먼저 조사해야 한다. 불량 검출 공정이 생산의 검사 공정이든 품질의 출하 검사 공정이든 해당 문제를 걸러내는 검사 항목이 있는지, 있는데도 걸러내지 못했는지, 항목이 없어서 유출되었는지를 조사해야 한다. 검사 항목이 없어서 걸러내지 못했다면 유출에 대한 대책으로 검사 항목을 새로 추가하면 되지만, 검사 항목이 있음에도 고객으로 문제가 유출되었다면 원인이 무엇인지 밝혀내는 일이 쉽지 않다. 특히 제품의 전기적인 성능을 시험하여 합격과 불합격을 판정하는 공정이라면 그 유출 원인을 찾아 조치하는 과정이 꽤 어렵고 복잡할 수도 있다.

유출 원인 조사가 우선되어야 하는 이유는 즉시 시정하여 고객을 보호하기 위해서다. 고객 보호의 관점은, 발생한 문제를 유효하게 걸러내어 더 이상 고객 피해가 없도록 하는 것이고, 고객 납기를 고려하여 빠른 시간 내에 문제를 걸러낸 제품을 중단없이 공급하기 위함이다.

내부적인 관점은, 문제 원인 공정(발생 원인)을 찾는 데 시간이 오래 걸릴 수 있기 때문에, 그리고 시간 경과에 따라 발생하는 신뢰성의 문제가 아니라면, 생산 및 출하를 빨리 재개하여야 하기 때문에 문제를 걸러내는 유출 방지 대책이 우선 요구되는 것이다.

이러한 유출 원인에 대한 조치는 현상파악을 토대로 D3 단계에서 가장 우선적으로 검토하고 실행해야 한다. 또한 유출 원인에 대한 D3 임시 대책은 문제 감염 범위에 있는 대상을 특별 채용 가능한지 미리 판단하는 효과도 있다. 따라서, 유출 원인에 대한 임시 조치의 모든 효과성을 검토, 완성하는 단계가 D4 원인 분석 단계라고 볼 수 있다.

유출 원인의 접근 방법은 프로세스 맵 또는 관리 계획서 흐름 상에서 제품을 검사하고 시험하는 단계의 역순으로 짚어서 접근하여야 한다. 즉 A-B-C-D-E로 전개되는 공정 흐름 중 E에서 문제가 발견되었고 B와 D에 그 문제에 대한 검사 항목이 있다면 왜 D에서 유출되었는지, 왜 앞선 B에서는 걸러지지 않았는지를 조사하면 된다.

검사와 시험은 품질 게이트이든 생산 공정의 자주 검사이든 항목, 샘플링 크기와 방법 등을 비교하여 차이점을 판단하여야 한다. E에서 발견된 문제를 B와 D에서 현재의 방법으로 걸러내지 못하고 있다면 B에서 또는 차선으로 D에서 문제를 유효하게 걸러내는 조건을 찾아야 한다. 이것이 유출 원인의 임시 대책이 될 것이고, 이러한 문제를 개발 단계에서, 양산 셋업 단계에서는 왜 발견하지 못했는지 교훈을 찾는 것이 유출 원인의 근본 대책이 될 것이다.

 유출에 대한 근본 원인 파악은 향후 개발하는 제품, 동일 기술을 적용한 파생 제품 또는 타 제품으로 수평 전개하여 유사한 문제가 재발하지 않도록 하는 예방 효과를 제공한다. 따라서 유출 원인의 교훈들은 신제품 개발 단계에서 필히 입력으로 들어가야 한다. 제품의 관리 계획을 수립할 때 공정의 흐름 상에서 이전에 경험했던 설계나 공정의 문제를 어떻게 어디에서 걸러낼 수 있는지 시험이나 검사 조건을 개발하고 적용한다.

 또한 제품 검사/시험 항목이나 횟수, 그리고 시간이 생산성과 품질 비용에 중요한 영향을 미치므로 엔지니어는 어플리케이션(고객 제품, 완성품)을 고려한 최적의 시험 및 검사 방법을 수립하여야 한다. 유출의 근본 핵심은 개발로 거슬러 올라가서 제품의 관리 계획 수립 단계의 실패 요인에서 비롯된다고 해도 과언이 아니다. 모든 불량의 유출을 막고자 과도하게 시험 설계를 하면 생산성과 품질 비용에 영향을 주고, 부족하게 설계하면 불량이 유출되어 고객 불만족을 초래하기 때문에 개발 단계에서부터 최적의 방법으로 불량 검출 커버리지(Coverage)를 높이는 유출 방지 기술이 중요하다고 볼 수 있다.

 부품과 소재 공급자는 제품의 설계나 공정 기인 문제에 국한하지 않고 출하 후 반 조립, 조립 및 최종 완성품에서 발생할 수 있는 문제까지도 분석하여 미리 유출 방지 계획을 수립, 공정에 적용하여야 한다. 이는 제품의 사양이 복잡할수록, 사양을 충족시키는 시험 기술이 고집적 기술일수록 유출 원인을 다루는 기능이 단순 제품 출하 시험/검사 영역에만 있지 않다는 것을 의미한다.

공정(발생) 원인

문제가 발생하면 발생의 근본 원인을 찾아 제거하는 것이 궁극적인 조치이다. 여기서 공정이란, 설계나 제조 공정을 의미한다. 근본 원인이 설계적인 결함인지 제조 공정의 결함인지 아니면 복합적인 결함인지에 따라 설계적인 대책이나 제조 공정 상의 대책이 나올 수 있다.

공정의 근본 원인이 밝혀져야 문제 감염 대상과 범위를 정확히 결정할 수 있다. 감염 대상 제품을 어떻게 검증하고 특채 가능한지 평가할 수 있으며, 납기 영향을 파악하여 정확하게 백업 플랜을 수립할 수 있다. 이는 D3 임시 조치가 지속되다가 D5 근본 대책으로 바뀌는 경계점을 의미한다.

공정 원인 분석은 사실 D2 현상 파악에서부터 시작한다. D3 임시 조치에서 분석, 확인과 검증을 거쳐 D4 근본 원인 단계로 발전하고 완성된다. 주로 특성 요인도를 이용하여 문제가 여섯 가지 요인 즉,

6M(Man, Material, Machine, Method, Milieu & Measurement)의 어떤 특성 인자와 관련이 있는지 인과 관계를 조사하고 분석한다.

가장 밀접하다고 판단하는 특성을 정하고 그 특성의 요인들을 분류하고 세분화하여 5Why 기법으로 분석을 진행한다. 이러한 분석은 데이터 기반의 증거를 제시하고 그 증거를 통해 객관적으로 근본 원인임을 증명하게 된다. 인과 관계를 증명할 수 있는 확실한 원인은 근본 원인(Root Cause)이라고 말하지만, 증거가 없거나 간접적인 증거를 통해 유추하는 경우에는 가능 원인(Possible Cause)이라고 표현한다. 가능 원인 중에 이론적인 밑받침이 있는 것을 가장 유력한 원인(Most Likely Cause)이라고 분류하기도 한다. 보통은 가능 원인과 유력 원인을 묶어서 가능 원인(Possible Cause)이라고 표현한다.

앞에서 문제는 품질 변동의 원인 관점에서 우연 원인과 이상 원인 두 가지로 분류된다고 말하였다. 공정 원인은 문제가 우연 원인인지 이상 원인에서 비롯된 것인지 판단하는 것이 매우 중요하다.

우연 원인은 불량 관련 수집한 데이터의 분석 결과가 어느 정도 그 영향을 예측할 수 있는, 공정을 관리하고 있음에도 그 능력치를 벗어나 발생하는 원인을 말한다.

이상 원인은 품질 목표를 달성하기 위해 설정한 관리 계획과 고객의 기대 성능을 만족해야 함에도 이를 벗어나 발생(Spec-Out)하는 부적합 또는 이상 현상의 원인이다.

우연 원인에 의한 불량을 시험이나 검사 공정에서 볼 수 있는 일반적으로 알고 있는 불량이라면, 이상 원인에 의한 불량은 흔히 부적합(Nonconformance 또는 Nonconformity)이라고 말할 수 있다. 당연히 후자로 인한 문제의 크기가 더 광범위하고 영향을 예측하기 어렵다.

공정 원인을 분석할 때 경계할 점은, 이상 원인을 우연 원인으로 일찍 단정하는 일이다. 현상이 같다고 근본 원인 파악을 소홀히 하여 예기치 못한 피해를 초래하는 경우이다. 우연 원인에 의한 랜덤(Random) 불량으로 판단, 처음엔 세부적인 분석을 하지 않고 있다가 간헐적이지만 지속 반복되는 바람에 나중에 가서야 근본 원인이 공정 부적합 또는 설계 오류 때문이라는 것을 알게 되는 경우가 있다. 의외로 우연 원인으로 비치는 불량이 단순한 불량이 아닌 제품 및 공정 설계 미숙 또는 실장 분석 검토의 부족에 기인하는 문제로 나타나는 경우가 있기 때문에 이를 조심하여야 한다.

일부 설계나 공정의 이상 원인은 양산 중에 개선하기 매우 어렵고, 개선한다 하더라도 설계 변경의 범위가 너무 커서 결국 해당 제품 생산을 중지해야 하는 경우도 생겨날 수 있다.

D4 근본 원인 파악 단계의 핵심은 아무래도 공정(발생) 원인을 정확하게 찾아내는 일일 것이다. 이는 문제 해결과 재발 방지를 위해 필수적이며, 8D 전체를 통틀어 사람의 심장과 같은 부분이기도

하다. 이 단계에서 원인을 잘못 규명하거나 거짓 규명 또는 눈가림식으로 덮고 넘어간다면 그 문제는 결코 해결되었다고 보기 어렵다. 임기 응변식 조치로 잠시 문제가 잠잠해지거나 가려질 수는 있어도 언제든 재발할 수 있는 상태인 것이다.

따라서, 문제 발생 시 고객이 가장 관심을 가지고 중요하게 들여다보는 대목도 바로 발생의 근본 원인에 있다.

시스템 원인

시스템이란 어떤 목표를 두고 일을 함에 있어 필요한 프로세스의 조합이라고 할 수 있다. 프로세스는 하나 이상의 입력을 통해 가치 있는 산출물을 만들어내는 활동의 조합을 말한다. 즉 '입력-활동-출력'의 단위 과정을 최종 프로세스 산출물을 얻을 때까지 이어나가는 것이다. 제품이나 서비스를 공급하는 과정에서 발생한 문제가 혹시 잘못 설정된 프로세스, 불합리한 절차 등에 기인한 것인지를 찾아 개선하고자 하는 유형이 바로 시스템 원인이다.

유의해야 할 것은, 문제가 발생했을 때 어떠한 시스템을 콕 집어 분석해야 한다는 정해진 범주가 있는 것은 아니다. 문제 발생과 동시에 명확하게 어떤 프로세스나 절차에 결함이 있는지 알아내고 바로 조치하는 경우도 있겠지만 유출 원인과 공정(발생) 원인을 5Why로 분석하는 과정에서 시스템 결함을 찾아내는 경우가 더 많다. 즉,

고객에 따라서는 시스템 원인 분석의 대상으로 '관리 시스템'을 지목하여 분석을 요구하기도 한다. 관리 시스템에서 왜 그 문제를 예방할 수 없었는지 조사하고, 문제와 연관된 관리 절차와 관리자 레벨에서의 의사 결정이 어떤 인과 관계를 가지고 있는지 조사하고 문제점을 찾아내도록 하는 것이다.

실제 적용해보면 평상시 인식하지 못했던 관리 상의 문제를 찾아낼 수 있는 매우 유익한 방법임을 알게 된다. 어떤 고객은 문제 발생 시 관리 시스템 관점에서 5Why를 반드시 진행하도록 요구하고 있다. 발생한 문제가 관리 시스템적으로 무엇이 잘못되었는 지 관리자가 들여다보고 그 원인을 찾아 개선하는 것이 중요하다는 뜻이다. 이러한 시스템 원인 개선이 중요한 이유는 문제 해결에 있어 더 큰 성과는 시스템 원인을 개선함으로써 이룰 수 있기 때문이다.

시스템 원인을 다루다 보면 직접적인 시스템 원인의 범주는 대부분 고객 지향 프로세스에 있음을 알게 된다. 품질경영시스템에서 고객 만족에 직접적으로 영향을 미치는 프로세스 즉, 고객 요구사항과 계약검토를 포함하는 영업 프로세스, 설계/개발 프로세스, 구매/외주 프로세스, 생산 및 출하/서비스 프로세스 등이 개선해야 될 시스템 원인으로 규명되는 경우가 많다.

간접적인 시스템 원인으로는 주로 역량 적격성 관리 프로세스를 많이 다루게 된다. 이러한 시스템 원인은 애초에 강건한 프로세스로 품질경영시스템을 구축하고 있는 조직이라면 문제 발생과 관련하여 크게 개선을 필요로 하지 않는다. 문제 예방을 위해 이미 교훈들이 잘 반영된 체계적이고 성숙된 프로세스일 가능성이 높기 때문이다. 그러나 품질경영시스템이 허술하고 문제 예방이나 해결을 위해 프로세스 접근이 어려운 조직에서는 시스템 원인 분석 자체가 어려울 수 있다. 기반 시스템이 불완전하기 때문이다.

그래서 4D를 전개하면서 가장 어려움에 부딪히는 단계가 시스템 원인 분석이다. 이의 5Why 전개가 더더욱 어려운 이유는, 근본 원인을 찾아 깊이 들어갈수록 그 조직은 시스템 자체가 안 되어 있다, 불완전하다 라는 결론에 도달하기 때문이다. 이에 대한 답은 품질경영시스템을 다시 검토하고 새롭게 구축(Renewal)하는 것이다.

어떤 조직은 경영 시스템 고도화 작업을 하겠다고 의욕을 보이는 경우가 있는데, 자세히 들여다보면 현재 시스템조차도 제대로 운용 못하는 경우가 있다. 고도화 이전에 문서와 실행이 일치하는, 비즈니스 프로세스와 글로벌 표준의 요구 사항이 통합된 형태의 시스템으로 구현되어야 한다. 그 안에서 고객 만족도를 더 높이기 위한 프로세스의 개선을 추구하는 것이 고도화이다.

시스템 원인 분석과 대책이 제대로 이루어지지 않는 근본 이유는 품질 경영 시스템의 부재 또는 제대로 작동하지 않는 프로세스에 있다는 데 좀 더 무게를 두고 싶다.

프로세스의 흐름이 불투명하고 그 성과를 측정하지 않거나 할 수 없는 조직 환경에서 이것이 시스템 원인이라고 한들 근본 개선으로 이어지기 어렵다. 몸의 어느 한 부분만 나쁘다면 수술이 쉬운데 여기저기 전체가 나쁜 상태라면 선뜻 손을 대기가 어렵다. 알고는 있는데 실행할 수 없는 대책만이 머리 속에 맴돌게 된다.

개별 문제가 발생할 때마다 시스템 원인을 그때 그때 찾아다니기 보다는 취약한 프로세스와 문제의 유형들을 잘 살펴서 집단적인 시스템 개선 작업을 우선 도모하는 것이 필요하다. 그렇게 해서 고객이 만족하는 제품과 서비스를 공급하게 되었다면 문제 발생 시의 시스템 원인은 이미 최소화되어 있지 않을까?

원인 분석 성공의 조건

근본 원인을 밝히지 못하는 일반적인 이유는 크게 세 가지이다. 기술적 능력의 한계로 원인을 찾기가 어려워서, 대충 알 것 같은데 논리적으로 증명하기 어려워서, 또는 생산 등 다른 급한 일에 더 신경 쓰느라 비용, 시간, 인력 등을 투입하기 어려워서 등이다. 그래서 5Why의 마지막 질문까지 인과 관계를 이어 나가기 어렵고 결국 근본 원인에 도달하지 못하는 것이다.

근본 원인을 찾아 들어가는 일이 시간도 오래 걸리고 일을 더 크게 만드는 것 같으니 빠르게 적절한 선에서 대증 요법을 찾아 끝내고 싫어하는 것이다. 일단 대증 요법을 찾아 놓고 그것에 맞는 원인을 역으로 끼워 맞추면 원인 분석과 대책은 종료된다고 믿는다.

그러면 근본 원인을 밝히고자 하는 개선 의지가 충만한 조직은 성공적인 원인 분석을 위해 어떤 조건을 갖추고 있을까?

1. 5대 기술 리더십

5대 기술은 제품 설계, 제조, 장비, 소재/부품, 실장 기술을 의미한다. 어떤 기술 영역에 종사하든 문제를 해결하는 주체는 사람이다.

제품 설계 및 제조 기술이 뛰어난 엔지니어가 있다면 그 엔지니어의 존재 자체가 곧 뛰어난 문제 해결 능력을 보유하는 것과 같다. 5대 기술 분야에서 골고루 문제 해결에 뛰어난 통찰력을 가진 인재를 보유하고 있다면 더할나위없이 좋겠지만 그렇지 못할 경우 최소한 설계와 제조 기술만큼은 우수한 핵심 인력을 보유하여야 한다.

그들에게 8D라는 구조적 문제 해결 방법론을 익히게 할 때 시너지가 극대화되어 문제 발생으로 인한 실패 경험을 최소화할 수 있다. 즉, 지속 가능한 경영의 한 축을 해결하는 토대가 만들어질 수 있다.

2. 분석 기술

여기서 분석 기술은 각 기술 분야에서 분석 장비, 도구, 통계적 처리, 불량 분석 및 신뢰성 평가 능력의 보유를 의미한다.

엔지니어의 개인 역량도 중요하지만 분석 장비나 도구를 잘 활용하여야 원하는 결과를 얻어낼 수 있다. 분석 장비나 도구는 전쟁터 나갈 때 가지고 있는 무기 수준과 같다. 반도체와 같은 고 집적 기술의 제품들은 그 제조 장비와 같은 수준으로 분석 장비의 정밀도와 정확도를 요구한다.

눈으로 확인할 수 없는 불량 또는 원인 불명의 고장 원인을 찾기 위해 높은 사양의 정밀 분석 장비 도입과 다양한 방법의 분석 기술 개발을 필요로 한다. 아울러 눈으로 모두 확인하기 어려울 경우 실행 데이터의 통계적 분석을 통해 문제의 인과 관계를 규명함으로써 가능한 원인을 찾아낸다. 특히 신뢰성 불량은 신뢰성 이론에 대한 지식과 신뢰성 시험 기술에 대한 노하우 없이는 원인 분석 접근 자체가 어려울 수 있다.

3. 시스템과 데이터베이스

여기서 시스템은 주로 추적 시스템(Traceability)을 말하고 데이터베이스는 설계, 개발, 구매, 제조, 검사 및 공급 이력을 말한다. 이들은 두 가지 관점에서 매우 중요하다. 첫째는 감염 범위를 추적하여 최대한 빠른 시간 내에 해당 문제를 격리 및 유출 차단하여 2차적인 피해를 방지하는 것이고, 둘째는 현상 파악이나 원인 분석 이전에 데이터베이스 분석을 통해 문제 연관성 있는 인자를 찾아 선제적인 조치를 취하는 것이다. 추적 시스템과 데이터베이스를 구축하는 것은 조직의 사업 환경에 따라 많이 다를 수 있다. 자동화 시스템이 아닌 매뉴얼 시스템이라도 추적 카드(Traveler Card), 런 시트(Run Sheet), 작업 지시서(Work Instruction) 및 공정/검사/출하 성적서 등의 제조 이력을 통해 추적할 수 있어야 한다.

이러한 시스템과 데이터베이스를 어느 정도까지 설계하느냐는 조직의 투자 여건, 의지와 운영 능력에 관련되는 문제이긴 하지만 고객의 입장에서는 공급자를 선정할 때 중요한 척도가 될 수 있으므로 조직에서 필히 고려해야 하는 요소이다.

대기업 또는 중견 기업은 일반적인 정보화 시스템(PDM, SCM, ERP, MES 등)이나 숙성된 공장 자동화 시스템을 갖추고 있어, 그리고 전담 조직이 있어 시스템과 데이터 베이스 운영에 큰 문제가 없다.

중소기업은 제품과 사업 규모에 적절한, 고객 요구 사항을 고려한 맞춤형 정보화 시스템이 필요하나 현실적으로 갖추기는 어렵다. 갖춘다 하더라도 조직이 운영 가능한 수준이어야 하는데 구축 따로 운영 따로 전개되는 경우가 많다.

큰 이유 중의 하나는 매뉴얼로 시스템을 먼저 구축하고 충분히 운영해보지 않은 상태에서 정보화 시스템만 조급하게 들여왔기 때문이다. 구축은 했는데 실제 구축한 대로 운영이 안 되니 비용을 들여서 다시 갈아엎거나 불편해도 어쩔 수 없이 사용하는 형국이 된다. 이러한 시행착오를 범할 수 있다는 사실을 직시하고 피하기 위한 방법을 모색하여야 한다. 그 방법은 무엇일까?

우선 조직의 일을 하는 방식이 글로벌 표준과 부합하는지, 그렇게 구축한 프로세스가 매뉴얼로 충분히 효과적으로 작동하는지를 확인한 다음 정보화 시스템으로 가져가는 것이다.

4. 주기적인 팀 개선 활동

품질 문제를 사후 결과로 알게 되는 지표가 있고, 예방을 위해 모니터링하는 지표가 있다. 대표적인 예가 전자는 불량률이고 후자는 통계적 공정 관리(SPC) 데이터이다. 전자든 후자든 생산하는 제품의 품질 문제와 관련된 지표를 조직 내에서 지속적 주기적으로 모니터링하고 분석하고 개선하는 팀이 있다면 문제 해결시에 어떤 능력을 더 발휘할 수 있는 것일까?

가장 뚜렷한 장점은 문제 발생 시 대응 속도 차이다. 해당 제품에 대해 지속적으로 품질 지표를 모니터링하고 개선 활동을 하는 팀원들은 이미 준비되어 있는 상태이므로 문제 발생 시 원인을 찾아 해결하는 정확도와 대응 속도가 상대적으로 월등히 뛰어나다는 것이다. 이러한 지속적인 개선 팀 활동의 의미나 중요성을 간과하고 경영자가 단순히 '미팅이 많은데?', '이슈도 없는데 미팅을 또 하나?'라는 시각으로 바라본다면 품질경영시스템의 요구사항인 '지속적인 개선'의 의미를 무력화시키는 치명적인 판단이 되고 말 것이다.

주기적인 개선 팀이 잘 운영되기 위해서는 경영자의 지원도 필수지만 팀을 이끌어가는 리더의 자질과 운영의 노하우도 중요하다.

효과적이고 효율적인 개선 팀 운영에 대한 방법론은 과거 글로벌 고객으로부터 배워 실행해볼 기회가 있었는데 지금까지도 변함없이 강력한 무기임을 확신하고 있다.

작업자 실수(Human Error)는 근본 원인일까?

5Why를 실행하다 보면 두 번째 원인이 작업자 실수에서 끝나는 경우가 많이 있다. 즉 근본 원인이 작업자 실수이고 대책은 교육으로 끝나는 경우이다. 그것이 잘못되었다고 말하기는 어렵지만 근본 원인 분석으로 미완성이라는 느낌은 충분히 가질 수 있다.

예전에 작업자 실수와 관련된 개선 활동의 사례로 어떤 생산 현장의 게시판에 공지된 다섯 건의 고객 불만 이슈 내용을 본 적이 있다. 놀랍게도 다섯 건 고객 불만 원인 모두가 작업자 실수로 적혀 있었다. 각각 다른 불량 현상임에도 원인은 작업자 실수 하나만 있었고, 대책은 모두 실수 내용에 대한 작업자 교육이었다. 이러한 단편적인 원인 분석을 막고자 고객들은 8D에서 5Why 전개를 요구하고 작업자 실수에 대해서도 좀 더 근원적이고 심층적인 분석을 요구하는지도 모르겠다.

자동차 품질경영시스템처럼 좀 더 엄격한 표준에서는 실수 방지에 대한 요구 사항이 별도로 있다. 조직은 적절한 실수 방지 방법론을 사용하기 위한 프로세스를 갖추어야 하고, 제품 및 제조 공정 설계 및 개발 단계에서부터 실수로 인한 부적합품의 제조를 예방하기 위한 조치를 취하고 문서화하여야 한다.

그 조치의 특징은 실수의 검출보다는 실수 방지에 초점을 맞추도록 되어 있다. 자동화, 반자동화, 실수방지 기기의 사용 순으로 검토되어야 하고 최소한의 방지 수단은 작업자의 실수로 발생한 문제가 고객에는 유출되지 않도록 하는 것이다.

실수 방지의 목표는 풀 프루프(Fool Proof, 작업자 누구라도 오동작을 방지하기 위한 설계)처럼 사람이 잘못 조작해도 시스템이나 장치가 잘못 동작하지 않도록 하는 것이다. 어려운 작업 과정도 아주 쉬운 조작을 통해 올바른 작업이 가능하도록 공정을 설계하는 것이다. 그러나 대부분의 소기업들은 풀 프루프와 같은 방법을 고안하여 적용하기 어려운 현실에 처해 있다. 설비를 운용하고 정비하고 보전하는 일들의 대부분이 작업자의 숙련도에 의존하는 매뉴얼 방식이기 때문이다.

이러한 현실에서 작업자 실수의 근본적인 원인을 밝혀야 한다고 하면 매우 곤혹스러운 일이 될 것이다. 그렇지만 5Why 훈련을 통해 양파 껍질 벗기듯 작업자 실수의 근본 원인을 하나 둘 파헤쳐 나가다 보면 좀 더 개선된 대책을 이끌어낼 수 있지 않을까 생각한다.

D5 단계(영구 대책)
영구 대책은 과연 영구적일까?

D5 단계의 목표는 찾아낸 근본 원인에 대해 영구적인 대책(PCA: Permanent Corrective Action)을 수립하는 것이다.

D4 단계에서 3X 5Why로 전개한 원인들 중 1Why부터 4Why까지는 초기 또는 중간 원인에 대한 대책이고, 영구 대책은 5Why 또는 그 이상이 최종 원인에 대한 대책이다.

유출 원인의 경우 D3 임시 조치(ICA: Interim Corrective Action)가 그대로 영구 대책으로 이어지는 경우도 있고, D4 단계에서 새로 밝혀진 원인에 대해 임시 조치가 업그레이드되어 영구 대책으로 결정되기도 한다. 발생 원인에 대한 영구 대책은 특성 요인도의 여섯 가지 작업 요소(6M) 중 관련 인자를 잘 분석하여 공정(발생)의 근본 원인을 찾아 개선하는 대책이다.

시스템 원인은 유출 원인과 발생 원인을 찾아가는 과정에서 관리적인 문제를 발견하여 이를 프로세스 관점에서 원인을 찾아 개선하는 대책이다. 가장 큰 개선의 효과는 사실 시스템 원인에 대한 대책에 있다고 해도 과언은 아니다. 따라서, 재발 방지를 위해 큰 개선을 이루고자 할 때는 시스템 원인을 잘 파악할 필요가 있다.

가장 빠른 방법, 저비용의 검증 방법 선택

5Why를 실행하다 보면 원인이 엉뚱한 방향으로 전개되는 경우가 더러 있다. 예를 들면, 문제의 원인을 폭넓게 설비 불량이라 규정하고, 근본 원인을 설비 노후화 때문이라고 지목한다면 머리 속에는 어떤 대책이 먼저 떠오를까? 노후화이니까 당연히 신규 설비 구매라는 대책으로 귀결되지는 않을까? 장기적인 관점에서는 필요한 대책일지 모르지만 당장 설비 구매를 위한 투자가 어려운 상황이면 노후화라는 원인에 대한 대책은 없는 거나 마찬가지가 아닐까?

따라서 5Why를 통해 근본 원인을 분석해 들어갈 때는 모호하거나 거시적인 대책으로 귀결되는 원인 분석 방법은 바람직하지 않다. 직접적이고 가장 빠른 방법으로, 그리고 가급적 저비용의 검증 방법을 선택할 수 있는 원인 도출 스킬이 중요하다. 시간이 오래 걸리거나 당장 실현 가능하지 않는 대책을 마련한 뒤 더 할 게 없다고 손을 놓고 있어서는 안 된다. 영구 대책은 철저하게 기술적인 관점에서 검토되고 수립되어야 한다.

100% 전수 검사는 영구 대책인가?

어떤 불량 원인에 대해 대책이 '검사 강화'로 나타났다. 그 대책은 샘플링 검사에서 100% 전수 검사로 강화하는 조치였다. 이는 영구 대책일까 아닐까?

우연 원인에 의한 불량은 최종 검사 공정에서 검출되는데 검사 능력이 떨어지는 경우에 이러한 검사 강화 조치가 유출 관점에서 주된 대책이 될 수 있다. 그러나 100% 전수 검사를 영구 대책이라고 할 수는 없으며, 발생 원인에 대한 근본적인 공정 능력의 개선이 이루어져야 영구 대책이라 할 수 있다.

이상 원인에 의한 불량은 평상시 보이지 않던 불량이 나타나는 것이다. 현상을 보고 직접적인 공정을 찾아 공정 이상 원인을 개선하는 것이 발생 원인 관점에서의 영구 대책이고, 새로 나타난 불량을 검출할 수 있는 조건을 추가하는 것이 유출 원인 관점에서의 영구 대책이다. 검출해내기 어려운 어플리케이션 또는 신뢰성 불량과 같은 유형은 발생의 근본 원인을 찾아 개선, 차단하는 것이 영구 대책으로 볼 수 있다.

영구 대책의 대부분은 영구적이지 않다

영구 대책이 과연 말 그대로 영구적인가를 생각해볼 필요가 있다. 결론적으로, 발생 원인을 설계적으로 해결하여 공정의 어떤 변화(6M)에도 불량 원인이 발생하지 않도록 그리고, 불량이 유출되지 않도록 관리 가능한 방법이 영구 대책이라고 할 수 있다.

그러나 대부분은 영구 대책보다는 그냥 시정 조치에 해당하는 대책이다. 따라서 시정 조치 후라도 어떤 형태로든 제품 설계 마진, 공정 산포의 변동 및 이상 요인 등에 의해 문제 재발의 여지가 남게 된다.

영구 대책은 영구 대책이 아닌 경우가 대부분인 바 후속 유효성 검증 시 필히 잔여 리스크를 확인하고 재발 방지를 위한 관리를 소홀히 해서는 안 된다.

원인과 대책의 메커니즘은 납득이 되는가?

문제가 해결되었다는 증거는 인과 관계 즉 원인과 대책의 메커니즘이 충분히 설명이 되고 납득이 되는가에 있다.

흔히 대책을 수립할 때 범하는 오류는 D4 단계에서 5Why에 따라 나열한 원인들이 D5 대책과 연결이 안 되거나 연결되더라도 인과관계 설명이 모호하여 그 메커니즘을 이해하기 어려운 경우이다.

원인 계통 별(유출 원인, 공정 원인 및 시스템 원인)로 5Why를 전개하였으면 5Why 각 단계별 원인에 대한 대책이 1대1로 매칭이 되도록 즉, 인과 관계가 명확하도록 정리하는 것이 매우 중요하다. 원인은 있는데 원인별로 대책이 제시 안 되거나 원인과 대책의 인과 관계가 잘 성립되지 않는다면 그 대책은 신뢰하기 어렵다.

인과 관계는 5Why 단계별로 잘 나타나야 하고 마지막 단계에 귀결된 근본 원인에 대한 대책이 영구 대책인 것이다.

문제 현상과 근본 원인, 근본 원인과 영구 대책이 매끄럽게 연결되어 그 메커니즘이 충분히 납득이 되지 않으면 8D 보고서를 받아 보는 사람은 문제가 확실히 개선되었다는 확신을 할 수 없게 된다.

고객은 공정 변경 통지(PCN)를 원한다

문제 발생 시 필히 수반되는 업무가 변경에 대한 고객 통지 업무, 즉, PCN(Process Change Notification)이다. PCN은 공정 변경이 제품 품질과 신뢰성에 영향을 미칠 수 있기 때문에 사전에 고객에게 변경 내용, 검증 방법 및 적용 시점을 통지하고 동의를 구하는 것이다.

PCN 검토 시점은 D3 임시 조치와 D5 영구 대책 수립 단계이다. 발생한 문제와 직접적인 관계에 있는 고객은 정규 PCN 방식이 아닌 3D 또는 5D 보고서로 PCN을 대신할 수 있다. 그러나 발생한 문제와 직접 관계는 없지만 간접적으로 영향을 받을 수 있는 고객은 조직이 문제에 대한 대책으로 취해진 변경에 대해 사전에 통지하고 승인을 받는 것이 보편적 업무 프로세스이다.

물론 좋아지는 쪽으로 개선을 했고 검사 조건도 강화했기 때문에 변경 통지나 사전 승인이 불필요하다 생각할 수도 있다. 그렇지만 모든 변경에 대한 고객 제품의 영향은 단편적으로 예측 가능하지 않기 때문에 필히 사전에 통지하여 또 다른 2차 리스크를 예방 관리할 수 있어야 한다. 이러한 업무 방식은 고객의 신뢰를 더 튼튼하게 할 수 있는 아주 중요한 요소이다.

고객의 변경 승인이 지체되어 하루 속히 적용해야 하는데, 적용 못 하는 상황이 우려된다면 최초 사업 계약 검토 단계에서 고객과 PCN 절차에 대해, 그리고 긴급 변경 시 의사소통 방법에 대해 협의하고 결정해둘 필요가 있다.

결론적으로 D3 임시 조치와 D5 영구 대책 단계는 PCN 관리 프로세스로 연결된다. 따라서, 필히 적용 고객들을 대상으로 PCN 여부를 검토하고 해당 기술 변경 수준이 고객 승인 항목에 해당되면 Pre-PCN과 PCN을 누락하는 일이 없어야 한다.

제품을 공급하는 조직은 당연히 해당 변경에 대한 품질 영향을 자체적으로 검증하겠지만 그 변경이 고객의 제품에 어떤 영향을 줄 수 있는지 모르기 때문에 미리 고객도 준비하고 검증할 수 있도록 해야 한다. 변경 통지를 누락하거나 고객의 사전 승인 없이 대책을 무턱대고 적용하였다가 품질 사고로 이어져 클레임을 받는 경우는 의외로 많다. 단 한 번이라도 PCN 요구 사항을 지키지 않아 품질 사고를 일으키는 공급자는 바로 등록을 말소하고 퇴출시키는 고객도 있다고 하니 공급자 조직은 경영진에서부터 PCN의 중요성을 심각하게 인식할 필요가 있다.

중대 품질 사고의 원인 중 하나가 변경 관리 또는 변경 검증의 실패에 기인하는 것으로 알려져 있는 만큼 이로 인해 조직이나 고객이 입는 피해는 조직이 문을 닫을 수 있을 정도로 엄청나게 클 수 있음을 명심해야 한다.

D6 단계(유효성 검증)
잔여 리스크를 파악한다

D6 유효성 검증의 목적은 D5 영구 대책에 대한 효과성을 파악하고 최종적으로 양산 적용에 대한 타당성을 평가, 완료하는 것이다. 이를 위해서 가장 먼저 유효성 검증의 방법과 과정을 이해하고 특히 Verification과 Validation의 의미를 정확하게 이해할 필요가 있다.

유출 원인에 대한 유효성 검증

유출 원인에 대한 대책은 D3 임시 조치 단계에서 즉시 실시하여야 한다. 조건이 최적화 안 되고 좀 과도하더라도(대책이 양품을 불량으로 걸러낸다 하더라도 즉, Overkill) 일단 적용하여 문제가 더 이상 고객에 유출되지 않도록 해야 한다.

임시 조치 후 원인 분석과 검증의 시간을 거쳐 최적의 조건을 찾아내면 그 조건이 D5에서의 유출 원인에 대한 영구 대책이 된다. 따라서 유출 원인에 대한 유효성 검증은 D6 이전에 이미 완료된 상태여야 바람직하다.

이러한 유출 원인에 대한 검증의 마무리 작업은 감염 제품에 대해 영구 대책(검출)을 적용한 결과가 고객 측에서 다시 문제로 재현되느냐 안 되느냐 확인하는 것이다.

공정(발생) 원인에 대한 유효성 검증

공정 원인에 대한 대책은 유효성 검증에 있어 리스크를 고려하여야 한다. 인과 관계가 명확하고 대책이 100% 맞다고 확신하는 경우엔 리스크 고려 사항이 없을 수 있다. 그렇지 않을 경우에는 유효성 검증을 위한 대책 적용 시점에 따라 세 가지 선택지를 고려하여야 한다. 그 선택의 기준은 '리스크를 얼마만큼 안을 것이냐'에 달려 있다.

1. 동시 적용

유출 방지 대책, 시스템 개선 대책 및 공정 원인의 간접 분야 개선 대책(예, 작업자 교육 등)은 즉시 적용할 필요가 있다. 이들은 오히려 선제적이고 빠르면 빠를수록 좋다. 하지만 공정 원인의 직접적인 개선 대책은 리스크를 따져 '즉시 적용' 여부를 판단할 수가 있다.

불량 검증을 통해 원인이 분명하고 대책의 유효성이 확실하다고 판단하는 경우 '즉시 적용' 가능하다. 적용에 따른 리스크가 작은 경우

(Minor)는 합의된 룰(Rule)에 따라 고객의 통지 없이 바로 적용 가능하다. 리스크가 큰 경우(Major)는 변경(대책 적용)에 의한 예상치 못한 부작용(Bad effect 또는 Side effect) 여부를 검증해야 하므로 고객과 검증 조건 및 예상 완료 시기를 같이 협의하여야 한다.

또한 검증 결과 합격, 불합격 판정에 따른 방향 결정(특히 선 적용을 위해 투입된 재공품)에 대해서도 미리 인식을 같이 해야 한다. 불량 이슈에 의한 일시적인 공급 중단으로 납기 문제가 발생하는 고객의 상황이라면 검증까지 시간이 오래 걸리므로 생산 먼저 적용 후 검증은 생산과 병행해서 진행할 수도 있다. 이것을 동시 인증(Concurrent qualification)이라 하는데 인증 평가 전 우선 적용에 따른 리스크를 판단하여 결정하는 방법이다.

2. 최소한의 검증 후 적용

변경 리스크가 큰 경우 최소한의 검증을 통해 리스크를 완화시킨 후 대책을 적용하는 방법이다. 예를 들면, 최종 검증 요구사항은 신뢰성 시험이지만 신뢰성 검증까지 소요시간이 길기 때문에 리스크를 고려하여 단계별로 적용 시점을 판단, 확대해 나가는 것이다. 그 적용 판단 단계는 크게 다섯 가지가 있다.

첫째, 변경의 영향을 바로 알 수 있는 공정 데이터 확인 후 적용

둘째, 최종 제품 시험 결과 확인 후 적용

셋째, 고객 제품 평가결과 확인 후 적용(조립 또는 실장 불량 유무 등)

넷째, 초기 신뢰성 평가 결과까지 확인 후 적용

다섯째, 장기(Long-term) 신뢰성 시험 결과 확인 후 적용

공급 중단 상황에서 납기 등의 이유로 생산 투입 시간을 지체할 수 없는 경우, 개선 여부의 확신 정도에 따라, 위와 같이 단계별로 리스크를 판단하여 적용을 하는 방법이다.

여기서 최대 리스크는, 생산에 적용한 대책이 검증 단계를 거치면서 예상치 못한 부작용을 동반하는 것으로 나타나 최악의 경우 대책 적용 제품을 모두 폐기(Scrap)하는 것이다. 따라서, 대책에 대한 적용 시점은 관련 부서 베테랑 엔지니어들이 모여, 필요하다면 고객이 참여하여 최고의 기술적인 판단을 토대로 결정을 하여야 한다.

동시 적용과 최소한의 검증 계획이 수립되면 또 한 가지 고려해야 하는 중요한 관리 요소가 있다. 그것은 동시 적용에 따른 신속한 변경 검증을 위한 긴급 진행(Hot flow) 시스템과 변경 적용 전후의 제품을 식별, 분리, 보관 및 추적 관리하는 시스템이다.

이러한 시스템이 제대로 갖추어지지 않은 조직은 문제 발생 후 대책을 수립, 적용하는 과정에서 검증의 오류, 검증 중이거나 이미 감염된 제품의 혼입 등 2차적인 문제가 발생할 가능성이 있다.

3. 신뢰성 시험 또는 고객 제품 영향 검증 후 적용

대책의 모든 유효성 평가가 이루어진 후 양산에 적용하는 경우이다. 영구 대책이 필드에서 사용자의 안전과 건강, 규제 관련 사항 또는 제품 신뢰성과 관련된 특별 특성에 영향을 준다면 '우선 적용'이 쉽지 않다. 즉 개선 증거가 명확하거나 고객이 리스크를 인정하고 투입해도 된다 승인하지 않으면 동시 또는 우선 적용은 어려울 수 있다. 실패로 드러났을 때 그만큼 리스크가 크기 때문이다.

그래서 검증의 모든 방법을 동원하여 결과를 확인한 후 적용하는 방법을 선택한다. 적용과 검증 실패의 리스크를 가능한 최소화하는 방법이다. 마지막 검증의 요구사항이 신뢰성 시험 평가 또는 고객 어플리케이션에서의 평가라면 그 평가와 검증이 완료될 때까지 영구 대책의 양산 적용은 기다릴 수밖에 없다.

이 방법의 최대 리스크는 개선 대책의 유효성을 확인하는 데 걸리는 시간 즉, 양산 재개를 위한 시간이 길어진다는 것이다. 그 의미는 다른 한 편으로 공급의 중단, 경영 손실을 초래할 수 있다는 것이다. 그나마 이러한 시간 리스크를 줄일 수 있는 방법은, 위 2와 같은 방법을 채택하거나 내부 신뢰성 시험 결과를 바탕으로 양산은 시작하되 고객으로의 선적 중지는 유지하는 것이다. 기술적인 리스크를 내부적으로 검증, 어느 정도 해소하였기에 취할 수 있는 방법이다.

이후 최종 단계의 유효성 검증이 고객 측에서 이루어지고 승인이 끝나면 바로 선적 대기 중인 양산 적용 제품을 출하할 수 있다.

일반적으로는 법 규제 사항이나 신뢰성 검증을 필요로 하는 대책은 승인(규제 당국 또는 고객 승인) 이후 적용하는 것을 요구한다. 특히 인체의 안전과 건강에 영향을 미치는 제품의 설계 포함 공정 변경은 그 효과성이 단시간 내에 검증 안 되는 부분도 있기 때문이다. 비슷한 신뢰성 조건 및 검증이라 하더라도 산업마다 그 범위나 판단 기준이 다르기 때문에 하나의 잣대로만 평가하여 쉽게 '검증되었다' 판단하는 것은 정말 주의하여야 한다.

시스템 원인에 대한 유효성 검증

시스템 원인에 대한 대책은 5Why를 전개하다 보면 4Why 또는 5Why에 귀결되어 나타나는 경우가 많다. 문제가 일어난 원인을 따지고 또 따지다 보니 결국 '관리 방법의 허술함, 부정확함에 원인이 있구나'라는 결론에 도달하는 경우가 많다.

이러한 시스템 원인은 크게 두 가지 관점에서 살펴보아야 한다.

1. 기술적 시스템 원인

왜 이 불량은 개발 단계에서 미리 발굴, 예방하지 못했을까? 왜 이 불량은 좀 더 앞 공정에서 걸러내지 못했을까? 왜 이 불량은 출하 전에 막지 못했을까? 왜 이 불량은 대량으로 발생할 때까지 몰랐을까? 왜 신뢰성 불량은 미리 모니터링이 안 되었을까? 왜 조립 또는 어플리케이션 불량은 미리 검증을 못했을까? 왜 설비의 고장은 미리 예측 못했을까?

위와 같은 질문을 통해 조직은 기술적 관점에서 시스템을 들여다 볼 필요가 있다. 그 방법은 기술 표준인 공정 베이스 라인 스펙 또는 관리 계획서를 통해 기술적인 관리를 완성하는 것이다.

제품의 공정 베이스 라인 스펙은 그 제품의 모든 단위 공정 표준의 어머니라고 해서 '마더 스펙(Mother Spec)'이라고도 한다. 설계한 제품을 구현하는 공정 개발의 결과물이 관리 계획서이고, 양산 이관의 의미는 관리계획서 대로 생산을 한다는 것이다. 생산을 하다가 문제가 발생하고 위와 같은 질문이 떠오르면 조직은 관리 계획서를 다시 들여다보고 검증하여야 한다. 그곳에 불량에 대한 기술적 시스템 원인이 있다.

이러한 기술적 시스템의 원인을 파고 들어가다 보면 의외의 제품 설계나 공정의 패러다임의 변화를 가져올 수 있는 개선점이 보이기도 한다. 또한 그에 따른 주변 기술(장비, 부품, 소재 등)의 개발을 촉진할 수도 있다.

2. 관리적 시스템 원인

이 불량은 개발 절차 상에 문제가 있어 발생한 건 아닐까? 이 불량은 개발 검증 방법에 누락된 원인이 있는 건 아닐까?

이 불량은 새로운 설계와 공정 기법 변화에도 일상적인 불량으로 판단한 오류 때문은 아닐까? 이상 원인 불량이 우연 원인 불량으로 평가된 건 분석 절차 문제가 아닐까? 소재와 부품의 품질을 공급자에게만 의존하여 샘플링 검사조차 하지 않은 수입 검사의 문제는 아닐까? 내부에 문제가 없었던 게 아닌데 관리자가 그 심각성을 인지 못한 건 아닐까?

부적합 감염 범위를 조기에 파악하지 못해 2차 피해를 신속히 막지 못한 건 아닐까? 불량 발생 자체보다 고객 대응이 늦어져 고객의 불만이 더 증폭된 건 아닐까? 8D가 지연되고 문제 원인을 파악하지 못해 우왕좌왕한 결과 고객이 떠난 건 아닐까? 여기저기 시스템 문제가 많다고 하는데 그 총체적인 원인은 무엇일까?

위와 같은 질문을 통해 조직은 관리적 관점에서 시스템을 들여다 볼 필요가 있다. 그 방법은 품질경영시스템의 관련 프로세스와 절차를 통해 문제점을 파악하는 것이다. 여기서 말하는 품질경영시스템은 우리 조직이 받아들인 일의 방식에 관한 글로벌 표준이다.

일의 방식, 즉 조직의 각 프로세스와 절차가 현재 어떻게 수립되어 있는지 보고, 불량과 관련하여 절차 상 관리적인 문제점이 발견되면 이를 개선하는 일이다.

일의 방식이 문서와 실행이 따로 움직이는 조직은 관리적인 시스템 원인을 찾아도 개선을 증명하기 어렵다. 현재(As-is)가 제대로 규정되어 있지 않기 때문에 앞으로(To-be) 어떻게 하겠다고 전개할 수 있는 방법이 마땅치 않다. 있다 하더라도 새로 리모델링 하지 않는 한 임시방편에 불과할 뿐이다.

결론적으로 시스템 원인의 개선은 발생 원인의 개선보다 더 큰 성과를 이뤄낼 수도 있다. 자세히 들여다보면 조직의 프로세스 혁신과도 맞물려 있기 때문이다.

관리적인 시스템 원인을 찾아 개선하기 위해서는 조직이 정한 일의 방식이 시스템으로 체계화되어 있어야 한다. 시스템이 체계화되었다는 것은 문서와 실행이 일치하고 있는 상태이다. 누구의 간섭 특히 경영자의 지시가 매번 우선시 되는 분위기에서 정상(Normal) 프로세스가 제대로 작동할 리는 없다. 쉽게 끊어지거나 순서가 바뀌거나 작동하지 않는 상황은 조직의 바람직한 시스템 경영을 위태롭게 할 뿐이다.

잘 아는 것처럼, 시스템이 강한 회사는 어려운 경영 환경에서도 쉽게 무너지지 않는다. 수많은 실패와 개선의 반복 속에 관리적 시스템의 원인을 찾아 지속 교훈으로 삼고 있기 때문에 조직은 더욱 견고한 시스템을 만들어낼 수 있는 것이다.

그 결과는 경영 리스크를 조기에 차단하여 남들보다 먼저 기회의 땅을 선점하는 효과를 누리는 것은 아닐까?

유효성 검증 순서와 절차

유효성 검증은 '계획 수립-> 실행-> 검토-> 잔여 리스크 판단'의 순으로 진행하는 것이 바람직하다. 검증 계획 수립은 D5 대책 수립과 동시에 진행하며, D6 단계에서는 구체적인 검증 실행과 결과 확인에 대한 과정이 전개된다.

이 과정에서는 관련 팀의 유기적인 협조가 매우 중요하며, 핵심 인원이 검증에 참여하지 못하여 검증 항목을 누락하거나 검증이 불완전한 상태로 끝나는 일은 없도록 관리하여야 한다.

1. 계획 수립(Plan)

검증 항목, 조건과 방법, 고객 검증 여부, 결과에 대한 판단 방식 및 전반적인 검증 일정 등을 포함한다. 기존 공정 조건과 개선 대책 조건에 대한 분리(Split) 평가가 필요할 수 있으므로 실험 계획(DOE, Design Of Experiment)법을 활용할 필요가 있다.

검증 결과를 신뢰할 수 있도록 고객과 협의된 또는 고객이 인증하는 방법, 특히 유효성 검증 범위, 기간 및 샘플링 크기를 확인하여야 한다.

이 단계에서 흔히 놓치기 쉬운 부분은 문제 발생으로 인한 감염 제품이 존재하는 경우, 이의 평가 및 판정(Lot disposition)도 고려하여 계획을 함께 수립하는 것이다. 경영자 입장에서는 이 대목이 현실적으로 가장 중요하다. 검증 및 평가 결과에 따라 감염 제품을 폐기하느냐 구제하느냐가 당장 눈앞의 경영 손실 규모를 결정하기 때문이다.

2. 실행

유효성 검증을 위해 DOE를 실행함에 있어 가장 중요한 것은 의사소통이다. DOE를 수립한 사람의 의도대로 진행되기 위해서는 팀 리더 또는 검증 책임자는 관련 부서와 정확한 DOE 내용을 공유하여야 한다. 현장의 엔지니어 또는 작업자가 DOE 계획대로 정확히 실행할 수 있도록 지시하고, 대책 적용을 위해 정규 프로세스와 조건이 다른 공정이 있으면 필히 사전 확인 후 진행하도록 해야 한다.

특히 장기간 긴 공정 단계를 진행하는 반도체 공정의 경우 Split 공정, Split 조건 셋팅, 공정 진행, 진행 후 데이터 취합, 분석, 시료 보관 및 전체 일정 관리 등에 이르기까지 정교한 관리를 해야 한다.

이를 위해 검증 주관자의 책임감 있는 리딩과 관련 부서 협조가 필수이다.

검증을 위한 DOE 실행이 제대로 이루어지지 않아 원하는 유효성 검증 결과를 얻지 못했다면 또는 늦어졌다면 어떤 2차 문제가 있을까? 그 결과는, 개선 대책이 늦어져 양산 납기에 영향을 미치거나 리스크를 계속 안은 상태에서 불안하게 양산을 진행하는 것이다. 실행의 오류로 음식을 다 차려 놓고도 마지막에 밥상을 엎는 것과 같은 우를 범해서는 안 된다.

3. 검토

검토는 실행의 결과가 의도한 대로 개선되었는지, 원인과 대책의 메커니즘이 맞는지를 확인하는 단계이다. 적용한 영구 대책이 불량의 원인을 제거하는 데 적절하고, 충분하고, 효과적인지를 확인한다. 8D 전개 시 문제 현상에 대한 판단, 문제 분석 결과에 대한 판단, 임시 조치에 대한 판단, 근본 원인에 대한 판단, 대책과 유효성에 대한 판단 및 감염 제품의 판정 등 대부분의 검토 완료가 이 단계에서 완성이 된다.

이러한 검토는 8D 구성 팀 내부에서 먼저 이루어지고, 리더나 챔피언이 승인을 하게 된다. 사안에 따라서는 경영자가 직접 검토하고 승인하는 경우도 있다.

검토는 수직적인 기능 조직에서는 시간적인 이유, 검토 인원이 없다는 이유로 누락되는 경우가 있는데 바람직하지 않다. 대부분의 기술적이고 실질적인 검토는 승인 전 중간 검토 단계에서 이루어지기 때문에 '실질적으로 검토하는 사람'의 책임이 매우 크다.

진지한 검토를 통해 팀 내 단 1%의 부정적인 판단 또는 의견이 있어도 이를 기록하고 추적, 끝까지 관찰하는 것이 필요하다.

4. 잔여 리스크 판단 및 수평 전개

앞서 언급한 대로 영구 대책은 영구적이지 않을 수 있다고 하였다. 5Why를 통해 정의한 근본 원인이 실제 근원적인 원인이 아니라면 대책 또한 영구 대책이 될 수 없다. 그 의미는 근원적인 해결책이 아니기 때문에 재발할 가능성이 있다는 뜻이다. 그래서 대책 적용 후에도 잔여 리스크를 평가하여 일상 관리 또는 2차적인 개선 방안을 모색할 필요가 있다. 불량 발생도를 더 낮추거나 검출도를 더 높이는 방향으로 지속적인 개선 활동을 계속 이어나가야 한다.

문제 대책에 대한 유효성 검증 결과는 조직 내 다른 제품 및 다른 공장으로도 그 교훈을 수평 전개하여야 한다. D2 문제 정의 단계에서는 현상 파악 결과를 수평 전개하여 동일 또는 유사한 현상이 있는지를 파악한다. 이후 D3 임시 조치에서 D6 유효성 검증까지의 결과를 공유하면서 제품마다 공장마다 차이점이 있는지, 있다면 왜 있는지를 분석하여야 한다. 그것이 수평 전개이고, 수평 전개의 결과는 교훈이라는 조직의 지식으로 관리되어야 한다.

Verification과 Validation의 차이

D6 유효성 검증에서 검증은 Verification일까 Validation일까?

품질 경영 시스템 기본 사항과 용어(KS Q ISO 9000:2015)에서는 Verification을 '검증', Validation을 '실현성 확인/타당성 확인'이란 표현으로 정의하고 있다. 그 의미의 차이는 다음과 같다.

①Verification   ISO에서의 용어 정의는, 규정된 요구사항이 충족되었음을 객관적인 증거 제시를 통해 확인하는 것이다(출처:

ISO9000:2015 조항 3.8.12). 8D에서 Verification의 의미는, 발생한 문제(규정된 요구 사항에서 벗어난 상태)의 원인을 찾아내어 어떻게 하면 문제가 없는(규정된 요구사항을 충족시키는) 상태로 되돌아 갈 수 있는지 분석하여 증거(대책)를 마련하는 과정이라고 볼 수 있다.

②Validation   ISO에서의 용어 정의는, 특정 의도에 맞게 사용 또는 적용하기 위해 요구사항이 충족되었음을 객관적인 증거 제시를 통해 확인하는 것이다(출처: ISO9000:2015 조항 3.8.13). 8D에서 Validation의 의미는, 문제 원인에 대한 대책이 적용되었을 때 그 적용 제품은 요구 사항을 충족하여 특정 의도에 맞게 사용될 수 있는지를 증명하는 과정이라고 볼 수 있다.

8D 관점에서 좀 더 쉽게 차이를 설명하자면, Verification은 대책이 맞는지 검증하는 것이고, Validation은 대책을 적용한 제품이 사용 가능한지 검증하는 것이다. 전자는 어떤 대책이 양산 적용하기 전에(Prior to implementation) 효과가 있는지 없는지를 검증하는 것이고, 후자는 대책을 양산에 적용한 후(After implementation) 제품의 실현성/타당성이 있는지를 검증하는 것이다.

감염 제품의 판정

D6 단계에서의 주 목적은 D5 영구 대책에 대한 유효성을 평가하

고 검증하는 것이다. 그외 이 단계에서 필히 완료하여야 하는 것이 있다면 감염 제품에 대한 판정이다.

 감염 제품은 비교 평가를 위해 대책 적용 제품과 동시에 병행 (Split)하여 진행하는 경우가 많다. D6 이전 단계에서 감염 제품 평가가 이루어지지 않았다면 늦어도 D6 단계에서는 감염 제품 평가 계획을 수립하고 실행하여야 한다. 그러한 평가 계획은 사전에 고객과 협의하여야 하고, 진행 상황과 결과는 필히 공유하여야 한다.

 감염 제품의 판정은 크게 세 가지로 분류된다. 폐기, 재작업(수리 포함) 또는 특채이다. 품질기술 경험이 많은 조직은 이미 D3 임시 조치 단계에서 제품 판정을 위한 품질과 신뢰성 검증 계획을 수립한다. 원인 분석을 통해 감염 제품이 신뢰성 문제가 아니라고 판단하면 즉, 특채의 가능성이 있다는 판단이 서면 D6에서는 재작업 또는 수리의 방법을 찾기 위한 검증을 진행할 수도 있는 것이다.

 단순 검사나 시험 추가로 감염 제품 특채가 가능할 수도 있고, 재작업이나 수리를 통해 평가 후 특채가 가능할 수도 있다. D6 유효성 검증을 통해 개선 대책을 적용한 제품과 비교하여 감염 제품의 품질 보증이 가능하다면 고객은 최종 특채를 승인할 수 있다.

 고객은 납기 문제가 아니면 보통 특채를 위한 검증에 그리 적극적이지 않을 수 있다. 감염 제품 판정은 고객의 최종 승인 여하에 따라 결정되는 만큼 고객의 적극적인 참여를 유도하여 D6 단계까지는 필히 완료하여야 하는 실질적인 필수 항목이다.

D7 단계(재발 방지)
반드시 표준화를 한다

D7 재발 방지의 다른 표현은 표준화, 문서화이다. 문제 발생 이후 유형별 원인에 따른 임시조치나 영구 대책들이 최종적으로 표준화되어야 한다.

 표준화는 문서의 신규 제정 또는 개정을 말한다. 문서화되지 않은 조치나 대책은 실행만 있을 뿐이고, 시간이 지나면서 미실행 또는 실행 누락이 발생해도 마땅히 귀책을 물을 수 있는 근거가 없게 된다. '그때 그렇게 하기로 했는데?', '잘 모르겠는데요?' 라는 상황이 벌어질 수 있고, 따라서 대책의 지속적인 효과성을 보장하기 어렵기 때문에 문제가 재발될 수 있는 것이다.

관리계획서(CP)와 기술 표준의 제 개정

유출 원인에 대한 대책은 주로 검사/시험 표준이나 단위 공정 표준의 일부인 자주 검사 절차의 제 개정을 필요로 한다. 또는 공정 모니터링이나 신뢰성 모니터링 표준을 제 개정할 수도 있다.

공정(발생) 원인에 대한 대책은 설계 도면 개정이나 주로 원인 공정 표준의 제 개정을 필요로 한다. 세부적인 관리 방법은 검사/시험이나 단위 공정 표준에 기술되지만 전체 공정의 흐름과 주요 관리 방법에 대해서는 표준의 우두머리 격인 관리 계획서에 기술된다. 즉 두 가지를 연동하여 제 개정을 검토하여야 한다.

관리 계획서의 내용이 바뀌는 정도라면 대부분 주요 변경(Major change)의 카테고리에 있기 때문에 앞서 말한 PCN 관리 절차와 연계해서 고객 승인을 검토해야 한다.

관리 프로세스의 제 개정

시스템 원인에 대한 대책은 품질경영시스템의 관련 프로세스나 절차서의 제 개정을 필요로 한다. 문제 원인을 개선하기 위해 일의 방식, 일의 절차를 새롭게 변경하는 것이다. 기술적 시스템 원인은 관리 계획서의 흐름이나 기술 관리 지침을 제 개정하고, 관리적 시스템 원인은 주로 관련 프로세스의 제 개정을 통해 표준화가 이루어진다.

표준화는 이루었는데 문서와 실행이 일치하지 않을 경우 개선의 유효성을 제대로 보장할 수 없고, 견고한 재발 방지를 기대하기 어렵다.

FMEA와 교훈

앞서 '일어나기 전 문제'와 '일어난 문제'에 대하여 설명하였다. 일어나기 전 문제 즉 잠재적인 문제 또는 고장 유형을 발굴하여 미리 예방하는 활동의 방법론이 FMEA라고 소개하였다.

일어난 문제는 FMEA 전개 시 미리 발굴하지 못한 또는 관리 방법이 효과적이지 않아 생긴 문제라고 볼 수 있다. 그렇다면 현재 일어난 문제에 대한 8D의 결과는 다시 FMEA의 입력으로 들어가서 새로운 불량 유형으로 등재가 되거나 기존에 등재된 불량 유형이 있다면 관리 방법이 변경 또는 새로 추가되어야 한다.

FMEA를 예방 조치나 지속적인 개선 활동의 기법 또는 도구로 사용하는 조직은 고객 불량 처리 프로세스나 부적합 관리 프로세스의 시작과 끝에 필히 FMEA를 입출력물로 관리하고 있다. 문제 예방과 해결의 방식이 'FMEA->관리 계획서->8D->관리 계획서->FMEA'와 같은 순환 구조를 이루고 있기 때문이다.

8D는 일어난 단일 문제에 대한 구조적 해결 방법론이다. 이러한 문제들의 경험을 한데 모아 정리하는 것이 교훈(Lesson learn)이다. 조직은 나름대로의 기술적 경험 및 실패 경험을 모아 교훈으로 관리하는 방식이 있다. 주로 신제품이나 파생 제품 개발 시, 그리고 양산 이관 시에 교훈 점검을 통해 문제 재발을 방지하려고 노력한다.

따라서, D7 재발 방지 단계에서는 문제로 인한 실패의 경험 즉 8D의 결과를 필히 교훈으로 완성하는 일이 중요하다. FMEA가 잘 운영되는 조직은 8D의 결과가 FMEA로 정리되므로 FMEA 그 자체가 교훈으로 사용되기도 한다.

비싼 대가를 치르고도 교훈으로 승화하지 못하여 문제가 재발한다면 이보다 더 뼈아픈 일은 없다. 한 번 경험했음에도, 충분히 방지할 수 있는 일임에도 또 비용을 또 지불하기 때문이다. 크든 작든 동일한 실패가 반복되면 시간의 문제일 뿐 조직은 경쟁에서 살아날 수 없다.

7D 보고서와 PCN 완료

D7 단계에서 실질적인 보고서는 완료된다. 발생한 문제에 대한 원인을 규명하고 대책을 수립하고 대책에 대한 유효성 검증이 끝나면 문제의 해결 여부가 판가름 난다. 따라서, 7D가 실질적인 8D 보고서의 완료 단계로 보고 고객 불만의 경우 고객에게 최종 보고

서를 작성하게 된다. 이 보고서를 고객이 승인하면 나머지는 내부적으로 검토, 마무리해야 하는 일이 D8 단계에서 남게 된다.

D7 단계에서 대충 지나가거나 잘 마무리 짓지 못하여 나중에 잔여 리스크로 남을 수 있는 일이 감염 제품 판정과 최종 PCN이므로 주의해야 한다.

보고서에는 감염 제품의 발생 기간, 범위, 대상 등을 잘 목록화하고 감염 위치별로 제품 검증 및 판정의 결과를 명시하는 것이 필요하다. 감염 제품 판정과 관련하여 별도로 고객 승인을 받을 필요 없이 한 번에 보고서로 정리하는 것이 좋다.

또한 보고서에는 문제 개선에 따른 변경 내용 전과 후를 명확하게 정리하고, 적용 시점과 언제부터 출하하는지 최초 적용 제품 목록을 명시하는 게 중요하다. 발생한 문제와 직접 영향이 없는 고객이라도 별도의 PCN 양식으로 고객 변경 통지를 마무리하여야 한다.

문제 발생은 개선을 위한 변경을 필히 수반하기 때문에 D7 단계에서 변경 관리 업무와 연계하여 7D 보고서든 PCN 보고서든 마무리 짓는 일을 소홀히 해서는 안 된다.

D8 단계(포상 및 팀 해산)
품질 비용으로 기록하고, 공유한다

D7 재발 방지 조치를 모두 완료하고 작성한 최종 보고서가 내부 챔피언의 승인을 거치면 D8 단계는 완료된다. 고객 불만의 경우는 고객의 검토와 승인이 끝나면 비로소 D8 단계가 끝난다.

그러나 문제 크기에 따라 보고서의 검토와 승인에만 그치지 않고 다음의 세부 사항을 D8 단계에서 검토할 필요가 있다. 이는 팀 리더와 챔피언의 판단이 중요하다.

8D 과정을 복기하라

문제 발생에서부터 해결까지 짧든 길든 문제 해결이란 길을 걸어왔다면 D8단계에서는 D1에서부터 D7까지 시간을 축으로 문제 해결의 전 과정을 되돌아볼 필요가 있다.

최초 문제 발생 또는 접수 시점에서부터 재발 방지 조치까지 그동안 팀이 취한 모든 실행 사항(Action item)을 일자와 시간 순으로 나열하고 그 옆에 조치와의 관련성, 효과성을 기록해보는 것이다.

어떤 것은 불필요한 것으로, 어떤 것은 중복되는 것으로, 어떤 것은 좀 더 일찍 적용했더라면 하는 반성점이 있을 것이다. 의사 소통이 부족해서 문제 해결 시간이 지연되고, 2차 피해가 발생한 것을 발견할 수도 있다.

즉, 8D 과정의 매끄럽지 못한 부분, 실수한 부분이 있다면 반성점을 교훈으로 정리하는 것이다. 걸어온 길을 자세히 들여다보고 최선의 길이 무엇이었는지 복기하고 조직 내 결과를 공유한다면 어떤 효과가 있을까? 그 다음 문제에 봉착했을 때 조직은 좀 더 나은 방법으로 시행 착오없이 빠르고 현명한 길을 걸어가게 되지 않을까?

그러한 복기를 통한 교훈은 조직의 8D 프로세스를 단단하게 하고 구성원들의 문제 해결 역량을 더욱 높일 것이다.

문제 해결 기여도

8D 과정을 복기하면서 팀 리더와 챔피언은 문제 해결에 누가 결정적인 기여를 하였는지 들여다 봐야 한다. 팀 전체적으로 문제 해결 과정이 매끄럽지 않아 여러 시행 착오를 겪었다 하더라도 문제가 해결되었다면, 최소한 직접적인 기여를 한 사람이 누구인지 평가할 필요가 있다.

당연히 문제 해결의 성과가 뛰어나다면 이의 적극적인 포상이 검토되는 것이 좋다. 직무상 당연히 해야 하는 일인데 무슨 포상이냐 할 수 있지만 그렇지 않다. 기여라고 하는 것은 개인의 역량이 문제 발생으로 인해 발휘되고 결과로서 손실을 줄이고 고객 이탈을 방지한 공로다. 따라서, 이에 대한 적극적인 포상 검토가 조직에선 필요하다.

제안 제도와 비슷한 측면도 있다. 조직은 품질 향상이나 원가 절감에 기여한 기술 제안에 대해 심사하여 포상하는 제도가 있다. 일반적인 활동에서 나올 수 없는 아이디어가 문제를 해결하는 과정에서 도출되어 조기에 문제를 해결하였다면 이에 대한 가치를 높게 평가하여 포상하는 것이 필요하다.

그러한 포상의 대상은 문제를 분석하여 원인을 찾아내는 일, 정확한 대책을 수립하는 일, 그리고 문제 해결까지 걸린 시간을 최소화하여 고객 만족을 이끌어낸 일 등이다.

연말에 보자(인사 고과에 반영하겠다)는 뉘앙스로 그냥 넘어가기보다는 문제 해결에 기여한 팀장이나 팀원이 있다면 이를 공개적으로 격려하고 칭찬하는 편이 좋다. 적극적인 포상 정책이 구성원의 역량 강화와 동기부여에 도움을 줄 수 있기 때문이다.

성과 지표는 두 가지이다

8D는 구조적인 문제 해결 방법론이고, 그 방법론을 적용한 일의 방식이 8D 프로세스이다. 프로세스의 시작점은 문제 발생 접수이고 종료점은 8D 보고서 승인이다. 프로세스는 성과지표라는 것이 있는데, 쉽게 말해 일의 성과를 평가할 때 평가 기준이 무엇이냐 하는 것이다.

8D 프로세스의 첫 번째 성과 지표는 TAT(Turn Around Time)이다. 문제 발생에서부터 해결까지 얼마나 시간이 소요되었는지 평가하는 것이다. 엎질러진 물이기 때문에 되돌릴 수는 없다. 되돌릴 수 없는 일은 얼마나 빨리 수습하느냐가 중요하다. 발생한 문제를 빠르게 정확하게 해결하지 못하면 고객의 신뢰를 잃게 되고, 마침내는 고객이 떠나는 빌미를 제공할 수 있다.

문제가 발생하면 원인을 찾고 대책을 수립, 해결하는 것은 당연한 일이다. 그 당연한 일도 고객이 인내할 수 있는 시간을 초과하게 되면 문제 해결의 의미가 반감되고, 그것이 반복되면 신뢰를 잃을 가능성이 높다. 따라서 조직은 고객 불만 시 또는 부적합 발생 시 이를 빠르게 해결하는 프로세스를 'TAT'라는 성과지표로 평가할 수 있어야 한다.

일반적으로 불량 접수 후 D2 현상 파악까지 1일(D+1), D3 임시조치까지 3일(D+3) 그리고, D5 영구 대책 수립까지 7일(D+7)을 TAT로 본다. 긴급 대응 조치(ERA)가 필요한 사안은 총력 대응하여 최대한 빠른 시간 내(ASAP: As Soon As Possible) 처리하여야 한다. 여기서 긴급 대응 조치의 기준은 주로 고객 상황의 긴급성에 있다. 고객 상황은 비상 상황인데 우리의 TAT 기준이 이러하니까 우리는 우리 기준에 맞추어 일을 진행하겠다는 것도 바람직하지 않다.

결론적으로 자체적인 TAT 기준은 운영하되 문제 발생 시 고객의 기대 수준에 알맞게 8D보고서를 충실하게 완료하는 것이 중요하다. 8D 보고서를 제출했는데 반려되고 또 반려되는 경우 최초 제출한 일자가 TAT 완료일자는 아니다. 최종 고객이 승인하는 보고서 제출 일자가 TAT의 종료 일자로 관리되어야 한다.

여기서 일자는 달력 기준 일자(공휴일 포함)이다. D7 유효성 검증을 TAT에 포함시킬 것인지는 조직마다 차이가 있는데 유효성 검증의 범위에 따라 한 달 또는 그 이상 걸릴 수 있기 때문에 TAT에는 포함하지 않고 참조 사항으로 관리하면 될 것이다.

고객 불만 현황이나 부적합 관리 대장을 운영하는 조직이라면 현재 우리 조직의 관리 대장에 TAT 항목이 들어가 있는지 들여다 볼 필요가 있다. 없으면 프로세스의 중요한 성과지표를 놓치고 있는 것이다. 일은 하고 있으나 일의 성과를 제대로 평가하지 못하는 조직이다. 그러한 일 환경에서는 누가 TAT를 단축하려고 노력했는지가 보이지 않는다. TAT를 맞추기 위해, 하루를 단축하기 위해 밤낮을 꼬박 세울 수도 있는 일인데 중요하다고 평가하지 않는 일에 어느 누가 그런 노력을 경주하겠는가?

8D의 프로세스의 두 번째 성과 지표는 문제 재발 여부이다. 문제 재발의 판단 대상은 문제 유형이 아니라 문제의 원인이다. 제품 불량의 경우 그 원인의 카테고리 또는 작업 요소를 6M에서 찾을 수 있다. 문제의 원인이 동일한 작업 요소, 그 작업 요소의 동일한 기능에서 비롯되었다면 그것은 재발이다.

예를 들어보면, '이물질'이라는 불량이 고객으로 출하한 제품에서 발견되었다. 예전에 한 번 문제가 되어 개선 조치를 하였음에도 동일 원인에 의해 또 발생하였다면 재발로 간주한다.

재발 방지를 위해 관리해야 할 것은, 처음 문제가 발생했을 때 대증 요법을 근본 대책인 양 임시 방편으로 사용해서는 안 된다는 것과 작업 요소 6M을 면밀히 들여다 봐서 원인에 대한 영구 대책을 제대로 수립해야 한다는 것 등이다.

문제는 언제든 발생할 수 있다. 하지만 발생한 문제가 동일 원인으로 비슷한 유형으로 재발하는 것은 문제 해결 방식의 습관에 잘못이 있으니 되짚어볼 필요가 있다.

품질 비용(COQ)으로 정리하라

　품질 비용은 크게 예방, 평가 및 실패 비용 세 가지 유형으로 나뉘어진다.

　예방 비용은 품질 교육 및 품질 개선 계획에 소요되는 비용이다. 평가 비용은 주로 검사, 시험, 분석, 신뢰성 모니터링 등의 비용이다. 실패 비용은 불량으로 인한 검증, 재작업, 수리, 폐기, 고객 클레임 처리 및 이에 연계된 생산 가동 중지 등의 비용이다.

　문제 발생의 최종 결과를 이러한 품질 비용으로 나타내기 위해서는 품질 비용에 대한 정의와 집계 방식이 표준화되어 있어야 한다. 그 방식이 조직 내 공통된 인식으로 정착되어 있어야 문제 개선 전후의 성과를 쉽고 정량적으로 파악할 수 있다.

　우리 조직의 품질 비용의 규모는 매출액의 총 %일까? 총 품질 비용 중에서 실패 비용은 얼마를 차지하고 있을까? 품질 수준이 높아질수록 예방 및 평가 비용은 증가하나 실패 비용이 줄어들게 되어 결국 총 품질 비용은 감소하게 된다

　8D에서 COQ(Cost Of Quality)는 문제 발생에 따른 금전적인 손실 즉, 치르지 않아도 될 비용이기 때문에 품질 실패 비용에 속한다. 품질 실패 비용에 대한 규정이 조직 내 명확하지 않을 때는 문제와 연관된 고객 클레임 비용, 감염 제품 폐기 비용과 수리를 포함한 재작업 비용을 우선 규정할 필요가 있다. 이때 갖추어야 할 체계 중의

하나가 '제품 반송 승인' 절차이다. 이 절차에 필요한 양식이 RMA(Return Material 또는 Merchandise Authorization) Sheet이며, 고객과의 사업 계약 검토 단계에서 RMA 절차에 대해 합의하거나 인식을 같이할 필요가 있다. 특히 제품 폐기 결정 시 고객 보상 방법을 명확하게 계약에 준하여 합의하는 것이 중요하다.

COQ를 적용하기 위해서는 조직 내부적으로 회계 항목과 연계하여 분류하고 검증된 로직을 사용하여야 한다. 물류 비용, 추가 인건비, 시험과 검증 비용, 판매와 납기 지연으로 인한 기회 상실 비용 등은 좀 더 체계적이고 객관적인 방법으로 세부적인 규정이 마련되어야 적용 가능한 요소들이다.

회계와 연계되지 못하는 COQ는 작성자의 관점에 따라 축소되거나 부풀려질 수 있기 때문에 주의하여야 한다.

경영 회의에서 검토하라

서면 보고든 회의를 하든 경영의 목표를 수립하고 이의 성과를 주기적으로 검토하지 않는 경영자가 있을까? 경영 시스템 체계가 글로벌 표준임을 인증 받은 조직이라면 경영자가 정해진 요구사항에 따라 경영 검토를 하여야 한다.

그 경영 검토의 최대 관점이 현재 우리 조직이 고객 만족의 길을 제대로 가고 있는지 검토하는 것이다.

고객 만족의 제일 중요한 판단 기준은 무엇일까? 당연히 조직이 공급하는 제품이나 서비스에서 고객 불만이 있느냐 없느냐 여부가 아닐까?

내부 부적합 문제이든 고객 문제이든 문제 발생, 해결의 과정과 결과는 정기적으로, 긴급 시에는 수시로 보고되고 경영자에 의해 검토되어야 한다. 그러한 보고를 수작업으로 하는 조직도 있지만 MIS(Management Information System)라는 경영의 하이라이트 지표에 자동으로 8D의 과정을 입력하여 경영자가 능동적으로 상황을 판단할 수 있도록 해야 한다.

경영 검토 시 핵심적으로 고려해야 할 사항은 크게 다음과 같다.

8D의 성과 지표인 TAT, 재발 여부, COQ 그리고 교훈이다. 이를 통해 현재 고객의 만족 상태를 판단하고, 향후 비즈니스 방향에 어떤 영향을 미칠 것인지 검토해야 한다.

Chapter 3

8D 전개 시 유용한 관리기법과 도구

3장에서는 8D 단계별로 사용할 수 있는 도구와 기법의 개념과 필요성을 설명하는 데 초점을 두었다. 또한 도구나 기법은 아니지만 각 단계별로 문제 해결을 증명하기 위해 어떠한 출력물이 필요한지도 포함하였다. 3장에서 언급하는 도구, 기법과 출력물은 보다 깊은 이해와 적절한 사용을 위해서 별도의 학습이 필요할 수 있다.

일의 방식과
기본 도구의 습득

엔지니어가 문제를 잘 해결하기 위해서는 기본적으로 담당하는 일의 방식과 일을 처리하는 도구를 익히는 것이 중요하다. 일의 방식은 선배 엔지니어로부터 또는 문서로 정해진 업무 프로세스나 매뉴얼에 따라 배울 수 있다. 그러한 일의 방식과 도구는 조직이 성장하면서 고객이나 글로벌 표준의 요구 사항을 따라가는 동안 자연스럽게 받아들이고 터득하는 경우가 많다.

'문제 해결'이라는 일의 방식은 글로벌 표준의 요구 사항으로 고객이 지정한 것이 '8D'이기 때문에 이를 많이 사용한다. 이 8D 방법론을 잘 수행하기 위해서는 통계적 공정 관리(SPC)와 품질 관리 7가지 도구와 같은 몇몇 기초 도구에 대한 지식을 갖추어야 하는 것이 필수이다.

통계적 공정 관리는, 공정 변동(Variation)을 감소시키기 위해 시간의 흐름에 따른 데이터 추이를 통계적으로 수집 및 파악한 후 공정의 이상 현상이 감지되면 이를 조치함으로써 안정적인 공정 능력을 계속 유지하기 위한 관리 기법이다.

　품질 관리 7가지 도구는, 통계적인 방법으로 데이터를 처리하여 얻은 정보를 바탕으로 객관적인 의사결정이 가능하도록 도와준다. 현상 분석과 문제 개선을 위한 효과적인 수단으로 알려져 있다.

　따라서, 엔지니어라면 이의 기초적인 이해를 필히 지식의 바탕에 두고 있어야 한다. 엔지니어가 문제를 해결하는 과정에서 분석 도구나 기법을 잘 알고 적절히 활용한다는 의미는 축구 선수가 시합 중에 공을 잘 다루는 이치와 다르지 않다.

　문제를 누구보다 잘 해결하거나 시합에서 경쟁팀보다 더 좋은 성과를 낸다는 것은 다루고자 하는 도구를 잘 이해하고 사용할 줄 알아야 가능하다는 뜻이다. 그것이 바로 엔지니어나 운동 선수가 갖추어야 할 중요한 스킬 중 하나이다.

D0 단계(증상 파악)
관리 기법과 도구

리스크 관리 프로세스

　D0 단계에서는 리스크 관리 프로세스에 따라 문제의 심각성을 판단할 수 있는 기준을 갖추는 것이 중요하다. 보통 관리적인 리스크는 심각도와 발생도를, 기술적인 리스크는 심각도, 발생도 및 검출도를 기준으로 삼는다. 객관적이고 효과적인 방법이라면 조직의 상황에 맞게 자체적인 리스크 판단 및 평가 기준을 만들 수도 있다.
　어떤 기준이든 D0 단계에서 문제 리스크를 선행적으로 판단하는 것과 그렇지 않은 것은 이후 문제 해결 과정에 큰 영향을 미친다. 문제 발생 즉시 그 크기를 예측하여 리스크 관리 프로세스에 따라 대응하는 조직과 그렇지 못한 조직의 이후 처리 과정에서 입게 되는 피해 규모는 완전히 다를 수 있기 때문이다.

리스크 관리 프로세스는 리스크 크기에 따라 유연하게 대응하는 프로세스이다. 하나의 고정된 프로세스가 아니라 리스크 크기에 따라 조직의 대응 속도가 다르게 작용하는 프로세스를 말한다. 리스크의 수준에 따라 문제 해결의 주관 책임자가 다르다. 최고 경영자, 부문 경영자, 담당 기능 팀장 또는 실무자가 주관 책임을 가지고 바로 해결 팀을 꾸릴 수 있다.

문제 증상이 어떤 리스크 수준에 해당한다면 접수자는 바로 리스크 수준에 따라 경영자를 포함한 해당 책임자에게 문제를 직접 보고한다. 그리고, 보고 받은 책임자는 긴급성을 검토한 뒤 비상 소집 또는 약속된 정기 회의 시간을 이용하여 팀 리더로서 문제 해결을 주관하는 방식이다.

문제가 확산된 다음에 긴급인지 아닌지, 경영자에게 보고할지 말지, 누가 어떻게 팀을 구성할 지 말지를 판단하는 것이 아니다. 평상시에 정해진 리스크 관리 프로세스에 따라 긴급 대응 절차를 지속 훈련하고 유지 관리하고 있어야 D0 단계에서 효과가 나타난다. 쉬운 듯 보이지만 구축하기 쉽지 않은 프로세스 중의 하나이다.

이러한 프로세스의 있고 없고 차이는 결국 문제 대응 속도의 차이로 귀결될 수 있다. 그 차이는 대형 사고와 직면했을 때 경영의 위기까지도 초래할 수 있음을 간과해서는 안 된다.

기초(넌센스) 불량 관리

D0 단계에서 안이하게 처리할 수 있는 불량 중의 하나가 넌센스 불량이다.

일반적으로 최종 사용자나 작업자의 건강과 안전을 해치는 문제, 필드에서 사용 중 기대 수명에 크게 못 미치는 제품 신뢰성의 문제, 고객의 신뢰를 심각하게 저버리는 서비스 불만 문제 등에 대해서는 대부분 심각도를 높게 평가한다. 그러한 문제들이 한 번만 발생해도 고객이 떠날 수 있다는 것을 잘 알고 있기 때문이다.

그러나 넌센스 불량과 같은 기초 품질 문제에 대해서는 의외로 사소한 문제로 인식하여 심각성을 낮추어보는 경향이 있다. 넌센스 불량은 터무니없는, 일어나서는 안 되는 아주 기초적인 품질 영역에 해당하는 불량을 의미한다. 조직마다 제품마다 정의는 좀 다를 수 있지만 제품의 혼입, 제품 수량 차이, 기록 누락, 출하 등 생산 이력 작성 오류, 작업 표준의 위반, 임의 변경, 오염, 파손, 반복되는 작업 실수, 배송 오류, 조용한 VOC 대응(마이너 고객 또는 다시 볼 고객이 아니기 때문에 VOC를 소홀히 함) 등과 같은 유형이 기초 품질 문제들이다.

이러한 유형은 그 경향성을 조사해 보면 파레토 차트 상에서 아예 기타로 분류되거나 발생 빈도 자체가 거의 집계되지 않는 경우가 많다. 발생 빈도는 낮지만 완전히 없어지지 않고 잊을 만하면 발생하는 어이없는 문제, 그것은 단순하거나 사소한 문제로 치부할 수 있는 부류가 아니라 방치했을 경우 조직의 성장을 가로막는 암적인 존재가 될 수도 있음을 명심해야 한다.

넌센스 또는 기초 불량을 중요하게 생각하지 않고 방치하는 조직이 궁극적으로 고객 만족을 달성하기는 어렵다. '일상적인 일이다, 왜 사소한 일에 신경 쓰느냐, 고질적이기 때문에 고치기 어렵다, 어쩔 수 없는 일이다'라는 의식이 경영진과 구성원의 머리속에 들어 있다면 거기가 조직 발전의 한계지점일 수 있다. 작은 구멍이 반복되면 큰 구멍이 되고 그것으로 인해 둑이 무너질 수 있음을 알아야 한다.

넌센스 불량이 고객에서 발생되었다면 그 불량이 초래하는 결과가 심각하든 안 하든 기초적인 품질 문제로 간주, 조직은 심각성을 높게 보고 대응하여야 한다. 파레토 상의 점유율이 낮은 불량이라고 해서 단순하고 사소한 불량으로 처리해서는 안 된다. 한 건이라도 발생하면 경영의 관점에서 매우 중대하게 다루어야 한다. 설사 고객이 중요한 문제로 신경 쓰지 않는다 하더라도 이와 관계없이 근본 뿌리를 캔다는 각오로 개선하여야 한다.

넌센스 불량은 크게 보면 품질 보증 시스템이 정교하지 않아 생기는 문제이거나 구성원의 '이 정도는 괜찮아'라는 안이한 마인드 셋(문제 인식에 대한 사고 방식)에 기인하는 문제이다. 안이하게 문제를 바라보기 때문에 경영 검토 시 보고도 하지 않고, 경영자도 품질 지표에 나타나지 않으므로 그 중요성을 모르는 경우가 많다.

무엇이 넌센스 불량인지도 모르거나 넌센스 불량임을 알고도 이를 용납하는 분위기의 조직은 궁극적으로 고객의 신뢰를 받을 수 없다. 왜냐하면 그런 상태가 지속되는 조직은 결국 시간이 지나면서 고객이 품질 수준이 낮은 조직으로 평가할 것이기 때문이다.

넌센스 불량의 해결책은 경영자의 의지가 가장 중요하다. 경영자는 넌센스 불량에 대해 그 유형을 정의하도록 지시하고 새로운 유형의 넌센스 불량이 발생하면 처음 발생 때부터 완전히 박멸하도록 끝까지 지휘하여야 한다.

넌센스 불량은 조직의 근본을 갉아먹는 암 세포와 같다. 품질 수준을 판단할 수 있는 기본 척도이기 때문에 근본 체질을 바꿀 수 있도록 끝까지 뿌리를 파서 도려내야 한다. 그렇지 않으면 계속 재발할 것이고 누적될 경우 고객은 어느 순간에 저 멀리 있게 된다. 결국 조직은 '그렇고 그런 수준의 회사'로 평판이 난다.

'악화가 양화를 구축한다'는 말이 있다. 아무리 고차원의 기술, 고도의 품질 수준을 추구한다 해도 어이없는 품질 문제를 경험하는 순간 조직의 품질 명성은 낮은 수준에서 헤어나기 어렵다. 고객 머리 속에 그렇게 한 번 인식이 되면 만회하기란 정말 어렵다.

넌센스 불량을 사소하게 인식하고 취급하거나, 이를 완전히 제어하지 못하는 조직이 온전하게 성장하고 성공하기를 기대하는 것은 어렵다.

비상 연락망 체계

D0 단계에서 긴급 대응 프로세스가 제대로 작동하기 위해서는 평상시 비상연락망 체계를 잘 갖추고 구성원들이 이를 잘 인식하고 있어야 한다.

환경 경영이나 안전보건 경영 체제 등에서는 비상 상황 발생 시 대응하는 비상 연락망이 존재한다. 비상 연락망을 조직도로 시각화 하여 구성원들이 볼 수 있도록 게시하고 있다. 구성원들이 조직도 상에 명시된 책임과 역할을 평상시 인식하고 있다가 실제 비상 상황 발생 시 빠른 복구를 위해 일사불란하게 움직일 수 있도록 하기 위함이다.

조직의 문제를 포괄적으로 정의하자면 이러한 환경이나 안전 보건에 대한 비상 상황만 문제에 속하는 것은 아니다. 크든 작든 경영의 모든 관리적인, 기술적인 문제는 문제로 정의할 수 있다. 문제는 리스크 크기에 따라 비상 상황일 때 따르는 문제 해결 프로세스와 일반 상황일 때 따르는 프로세스로 나뉘어진다.

8D는 어떤 경영 시스템, 프로세스라도 관리적인 문제와 기술적인 문제 모두를 다룰 수 있는 문제 해결 방법론이다. 환경 문제, 안전 보건 문제, 제품 개발 문제, 고객 불만 및 내부 부적합 개선 등 경영 시스템의 모든 문제를 다루는 데 사용할 수 있다.

그러한 경영의 모든 문제를 다루는 데 있어 긴급 상황 발생 시 빠른 대응이 필요한 '경영시스템 유형별 또는 리스크 유형별' 비상 연락망 체계를 갖추는 것이 필요하다. 그 다음은 내부 의사 소통을 통해 전체 임직원들이 인식하도록 하는 게 중요하다.

고객의 문제가 발생했다면 접수자는 리스크 판단 기준에 따라 야간이라도 책임자와 경영자에게 동시 보고할 수 있어야 한다. 비상 상황에서 야간에 전화를 했는데 보고를 받는 사람의 인식이, '이 시간에 무슨 일이야? 왜 전화했지?'라는 반응과 '이 시간에 전화를? 큰일이 발생했구나'라는 반응의 차이는 미세하지만 비상 상황 대처에 큰 차이를 만들 수도 있다. 전체 임직원이 평상시 비상 연락 상황, 즉 리스크 단계와 기준에 대해 잘 인식하고 있고, 어떤 상황에서 보고하고 보고받게 되는지를 안다면 그 비상 연락망 체계는 실질적인 운영의 효과를 나타내지 않을까?

비상 연락망의 효과성은 간단한 훈련으로도 판단할 수 있다. 조직의 경영 활동 범위 중 가장 먼 지점(예를 들어 유럽 시장의 신규 거래처)에서 또는 생산 라인 현장에서 문제가 발생하였다고 가정해보자. 리스크 크기로 봐서 최고경영자까지 즉시 보고되어야 하는 사안이다. 비상 연락망 대로 보고가 되었는지, 최고 경영자 보고가 이루어진 시간까지 얼마나 걸렸는지, 조치 경로에 누락이나 혼선은 없는지, 최초 보고 받은 사람에 의해 적절한 조치가 이루어지기까지 시간이 얼마나 걸렸는지 확인해보면 된다.

비상 연락망 조직도를 보면 비상 시의 연락임에도 불구하고 여전히 위계적인 단계와 직책 순서를 다 밟아 보고하는 경우가 많다. 올바른 비상 연락망이 아니다. 일반 상황의 보고 체계와 다르지 않다면 굳이 비상 연락망이라고 할 만한 가치가 있어 보이지는 않는다. 그러한 비상 연락망은 조직도 상에서는 단순한 선의 연결이므로 문제 될 게 없어 보이지만 실제 비상 상황에서는 한강이 아니라 태평양을 건너야 할 만큼 먼 길이 될 수도 있다.

  우리 조직의 비상 연락망은 어떤 그림일까? 비상 시의 연락 체계로 효과적이라 할 수 있을까?

D1 단계(팀 구성) 관리 기법과 도구

지속적 개선 팀 활용

문제 발생 시 해결 팀을 구성하는 것은 조직의 규모, 제품 종류 및 고객에 따라 방법의 차이가 있다. 사업 규모가 큰 조직은 주력 고객사별 또는 매출이 큰 제품 위주로 지속적인 품질 개선 팀을 편성하여 주기적으로 개선 활동을 하는 경우가 많다. 기능이 많지 않고 한두 사람이 다기능을 소화해야 하는 소규모 조직은 대형 사고 아니면 평상 시 문제 개선 팀을 구성하여 활동한다는 자체가 어렵다. 팀 활동이라고 하기보다는 제조 또는 품질 책임자가 북 치고 장구 치고 혼자 이끌어 나가는 경우가 많다.

결론은, 조직이 크든 작든 참여 인원이 많든 적든 평상시 개선 활동을 하고 있느냐 안 하고 있느냐가 중요하다. 문제 발생 시 그 활동 팀이 그대로 D1 팀 구성으로 이어지는 것이 가장 신속하게 문제를 분석하고 해결하는 방법이기 때문이다.

인원이 많이 참여한다고 좋은 것은 아니다. 문제 유형과 성격에 딱 적합한 기능과 담당자, 사안에 따라 책임자가 참여하도록 평상시 개선 활동 팀이 구성되어 있어야 한다.

지속적 개선 팀이 문제 해결 팀으로 그대로 올 경우라도 팀 구성에 필요한 부서, 이름, 직급, 기능, 상세 역할 등을 D1 단계에서 테이블 표로 명확하게 기술하여야 한다. 이는 추후 D8단계에서 기여도 평가와 연계가 된다.

비상 상황으로 간주되는 문제 발생의 경우 지속적인 개선팀은 실무 팀의 역할을 맡고, 실제 문제 해결 팀 구성은 경영자가 주관하는 회의체가 된다. 경영자가 매일 또는 주기적으로 주관하는 회의체에서 실무적인 상세한 내용을 보고 받고 지시하고 문제 해결을 지휘하는 것이다.

품질 개선 팀 회의<->품질 경영 회의<->경영자 회의와 같은 위계적인 회의체 구조로 의사 결정이 유기적으로 잘 이루어지는 조직이라면 어떤 문제가 발생하더라도 최선의 개선 활동을 이끌어낼 수 있다.

경영 관리 지표 활용

일의 방식을 정해 놓은 것이 절차이고 프로세스이다. 그 절차와 프로세스를 모아 놓은 것이 시스템이다. 시스템은 목적에 따라 고객을 만족시키거나 법 규제를 만족시키는 것으로 나눌 수 있다. 그것이 경영 시스템이고, 그 시스템이 제대로 작동한 결과는 고객 만족과 법 규제를 만족하는 성과로 나타난다.

이러한 일을 수행함에 있어 문제는 항상 존재한다. 목표 달성을 위해 문제를 미리 예방하고 일어난 문제를 효과적으로 효율적으로 잘 처리하는 조직은 과연 어떤 일의 방식을 가지고 있을까?

문제 해결을 위한 효과적인 일 처리 방식 중 하나가 평상시 경영 관리 지표를 설정, 운영하는 것이다. 품질, 환경, 안전 보건 등 어떤 경영 시스템에도 문제를 평가하고 관리하는 지표는 있어야 한다. 경영 실적과 직결되는 성과 지표와 그 성과지표를 달성하기 위한 연계 프로세스의 성과 지표들이다. 효과적이고 실질적인 경영 관리 지표를 수립하고 이를 평상시 잘 운영하는 조직은 문제 발생 시 이의 원인 규명과 해결이 빠르다. 지표에서 이미 문제 발생에 대한 리스크와 그 크기를 추적하고 있기 때문이다.

제품 개발이든 양산이든 어떤 일의 수행 결과로 수집하고 다루는 데이터의 양은 엄청나게 많다. 그렇다고 모든 데이터를 분석하여 지표화 하는 것은 현실적으로 어렵다.

빅데이터 분석이 가능한 환경이 아니라면 조직은 매뉴얼 방식이라도 문제를 발굴, 예방하는 데 필요한 경영 관리 지표를 설정하여야 한다. 그 지표에는 고객이 요구하는 또는 조직 자체의 목표가 반영되어 있어 그 목표를 달성하기 위한 방향으로 개선 활동이 전개될 것이다.

그러한 활동의 과정과 결과가 꾸준히 축적이 되면 그것이 곧 살아있는 교훈이 되고 그 교훈의 힘은 문제 발생 시 즉각적인 해결의 원동력이 된다. 이것이 고객이 바라는 지속적인 개선 활동의 참모습이다.

D1 팀 구성은 문제 발생했을 때 팀을 구성하여 활동한다는 의미가 아니다. 이미 활동하고 있는 개선 팀이 발생한 문제를 경영 관리 지표 상의 경향(Trend)에 대입하여 그 인과 관계를 분석하고 해결을 도모하는 것이다.

따라서, 평상시 개선 팀의 중요한 책무 중 하나는 문제를 예방하고 모니터링하기 위한 경영 관리 지표를 선정하고 운영하는 것이다. 어떤 기준으로 지표를 선정하고 어떤 방식으로 데이터를 수집, 지표로 삼을 수 있는지도 정해야 한다. 그렇게 지표를 정하고 관리하게 되면 예기치 못한 문제가 발생하더라도 DB(Data Base)를 이용하여 문제 관련성 또는 인과 관계를 좀 더 쉽게 파악할 수가 있다.

평상시 DB 쌓는 일을 게을리 하지 않고 이를 잘 관리, 활용하는 조직이 강풍에도 흔들리지 않는 뿌리깊은 나무로 성장하는 것이다.

D2 단계(문제 정의)~D6 단계(유효성 검증) 관리 기법과 도구

D2 단계에서 기본적으로 많이 활용하는 도구는, 통계적 공정 관리(SPC)와 품질 관리(QC) 7가지 도구 등이다.

 D2 단계에서는 문제에 대한 분석과 검증, 그리고, 제조 과정에 대한 이력 조사가 병행이 된다. 제조 이력 조사는 우선 증상과 관련된 관리 지표를 보고 문제와의 상관성을 파악하는 일이다. 이 관리 지표들은 보통 품질 관리 7가지 도구를 이용하여 만들어진 정보들이 많다. 여기에서 혐의점이 발견되면 범위를 좁혀 관련 인자들을 추출하고, D4 단계인 근본 원인 분석으로 계속 이어나간다. D2 문제 정의 단계에서부터 D4 근본 원인 분석에 이르기까지 사용되는 몇 가지 주요 기법과 도구에 대해 소개하면 다음과 같다.

프로세스 맵핑(Process Mapping)

비즈니스의 매개체는 제품과 서비스 두 가지이다. 조직은 제품과 서비스를 공급하는 한 내부적이든 외부적이든 문제 발생을 피할 수 없고 또한 문제를 해결할 수밖에 없다. 그러한 문제가 발생하지 않도록 개발 단계에서부터 검증하고 양산 공급을 위해 정한 것이 '관리 계획서(Control Plan)'이다. 따라서 문제가 발생하면 가장 먼저 펼쳐 놓고 들여다보는 것이 관리계획서이기도 하다.

프로세스 맵핑(Process Mapping)은 관리 계획서 상에서 문제와 연관된 공정의 흐름을 공급의 역순으로 간략히 그려보는 것이다. 문제가 어디에서 유출되었는지 근본 발생 원인은 어느 위치인지 감염 제품을 차단해야 한다면 어느 길목인지 등을 전체 프로세스 맵핑을 통해 쉽게 눈으로 파악하기 위함이다.

등산로 입구에 보면 전체 등산 코스를 조망하는 안내지도가 있다. 개인이든 단체든 그 지도 내용을 숙지한 후 산을 오르는 것이 안전 산행의 기본이다. 높고 깊은 산일수록 산행 중간중간 지점에 위치 표식을 기억해두는 것 또한 안전 관리에 매우 도움이 되는 행위이다.

문제(사고나 조난) 발생 시 우왕좌왕하기보다 이 위치명이나 표식의 번호를 알고 신고한다면 구조대가 위치에 따라 적절한 조치 수단을 강구하고 더 빠른 구조 작업을 펼칠 수 있지 않을까?

조직의 문제 발생 시도 마찬가지다. 일반적으로 엔지니어는 해당 분야에 대한 이해는 깊지만 제품 관점에서 전체 공정 흐름과 공정간 역할을 이해하는 것은 부족한 편이다. 따라서 관리계획서의 전체 흐름과 각 공정의 관리 방법을 이해하고, 담당 공정이 잘못되었을 때의 문제 영향과 복구 또는 차단 방법 등은 프로세스 맵핑을 통해 알아둘 필요가 있다.

특히 유출 관점에서 프로세스 맵핑을 통해 공정 흐름을 이해하는 것은 문제 대응에 매우 효과적이고 중요하다. 어느 단계에서 문제가 발생했고 어느 단계에서 문제를 걸러야 했는지, 왜 최종 단계에서는 유출을 막지 못했는지 큰 흐름의 인과관계를 파악할 수 있다.

또한 문제 감염 제품이 공정 단계마다 어떤 상태로 얼마만큼 흘러가고 있는지를 분류하고 추후 폐기, 재작업이나 수리 결정 시 단계별로 다르게 조치해야 할 때 이 프로세스 맵핑이 필요하다.

프로세스 맵핑이 정확하게 이루어지기 위해서는 관리 계획서가 실행과 100% 일치되게 운영되고 있어야 한다. 관리 계획서가 없어도 프로세스 맵핑이 안되는 것은 아니지만 프로세스 맵핑은 기본적으로 관리 계획서를 근거로 만들어진다. 그래야 문제 발생 시 상세 분석과 개선에 있어 의사소통이 쉽다. 결정적으로 D7 재발 방지 단계에서 관리 계획서 개정을 제대로 수행할 수 있다.

히스토그램 & 파레토 차트

히스토그램과 파레토 차트는 D2 문제 정의 단계에서부터 D4 원인 분석 단계까지 현상을 파악하고 불량 인과 관계를 조사할 때 기본적으로 사용하는 도구이다. 히스토그램은 체크시트에서 파악한 데이터를 가공하여 문제의 분포를 쉽게 파악할 수 있도록 나타낸 그래프이다. 데이터 계급의 양 끝 값을 가로축에 표시하고 그 계급의 도수를 세로축에 표시하여 직사각형 모양으로 나타낸다.

파레토 차트는 경제학자 파레토(Pareto)의 80-20법칙을 문제와 원인 관계에 적용한 차트다. 가장 중요한 문제 유형과 원인이 무엇인지 문제의 발생 빈도 순으로 나열하여 중요도를 파악한다. 이는 모집단의 데이터 집합에서 가장 큰 불량 유형부터 정렬하고 이를 누적 백분률로 나타내는 방식이다.

제품이든 서비스든 문제가 발생하면 보통은 그 문제 현상에 대한 이름이 붙여지기 마련이다. 그것을 불량 모드, 불량 유형 또는 불량 형태라고 부른다. 제품 불량의 경우 큰 분류로는 육안 불량, 동작(기능) 불량, 실장 불량, 신뢰성 불량, 필드 불량 또는 기초 품질 불량 등이 있다. 각 분류에 대한 세부적인 명칭은 불량 현상이나 불량 패턴에 잘 어울리는 이름을 '불량'이라는 단어 앞에 붙여 사용한다. 예를 들면 육안 불량의 경우 얼룩, 스크래치, 이물질, 치핑, 변색 등이다.

이러한 불량 이름은 조직마다 고객마다 제품 특성에 따라 다르게 정의되기 때문에 사전에 명칭에 대한 고객과의 의사 소통이 중요하다. 이의 의사소통은 주로 고객 검사 또는 시험 스펙(Spec)과의 갭(Gap) 분석 시에 이루어져야 한다. 문제 현상에 대한 이름이 있다는 것은 완전히 처음보는 문제 현상이 아니라면 제품 또는 서비스를 공급하는 과정에서 이전에 경험했거나 지금도 발생하고 있는 알려진 문제라는 뜻이다. 평상시 지속적인 개선 활동을 하는 조직이라면 관리 지표로서 그러한 불량 모드와 불량률을 파레토 차트 형태로 관리하고 있어야 한다.

발생한 문제 현상과 관리 지표를 우선 비교 조사하는 이유는 이전에 경험한 문제와 연관이 있는지 새로운 문제인지를 판단하기 위함이다. 공정에서도 발생도가 높은 불량이어서 그에 비례하여 유출된 것인지 평상 시 발생하지 않는 불량인데 드물게 발생한 불량인지 등을 판단하는 것이 주된 목적이다. 따라서 동일한 문제 유형이라면 파레토 차트를 통해 이전에 어떤 경향을 가지고 있는지 동일한 원인인지 당시 대책은 유효했는지 왜 재발하였는지 등을 빠르게 조사, 검토할 수 있다.

공정이나 제품의 불량 유형과 점유율을 관리하는 파레토 차트는 공정 별, 품질 게이트 별 특히 최종 검사에서는 매우 기초가 되는 품질 관리 도구이다. 평상시 개선 활동을 통해 이러한 지표를 잘 관리하고 불량 유형별로 지속적 개선을 잘 수행하는 조직은 문제가 발생해도 그 지속적인 개선 활동 연장 선상에서 빠르게 원인을 찾고 문제를 해결할 수 있다.

상관성, 비교 분석(Correlation, Comparison)

상관성과 비교 분석은 정형화된 기법 또는 도구라 하기는 어렵지만 하나의 분석 방법으로 중요하다. D2 문제 정의 단계에서부터 D4 근본 원인 분석에 이르기까지 필수적으로 고려해야 하는 방법이다. 상관성 분석의 결과는 유출 원인에 대한 대책과 발생 원인의 대책으로 귀결되어 나타난다.

상관성 분석의 시작점은 불량 현상이 파악되면 프로세스 맵핑을 통해 불량이 어디에서 최종 유출되었는지 파악하는 것이다. 처음 경험하는 새로운 불량으로 최종 검사나 시험 공정에 그 불량을 걸러내는 항목이나 방법이 없다면 신규로 추가하면 될 것이다. 만일 동일한 현상의 불량일 경우는 불량이 발생한 곳과 불량이 유출된 공정의 여섯 가지 요소(6M: Man, Machine, Material, Method, Milieu, Measurement)를 비교하여 차이점을 확인하여야 한다.

검사자별 검사 눈높이는 같은지, 검사 장비 간의 기종과 분해능력은 같은지, 검사나 측정 방법의 세부적인 차이는 없는지 그리고, 검사 환경의 차이는 없는지 등을 비교, 확인하여야 한다.

6M 차이에 의한 제품의 변동이 불량 유출의 원인으로 밝혀지는 예가 많기 때문에 이를 밝혀내는 상관성과 비교 분석이 중요하다. 상관성은 통상 비즈니스 시작 전에 품질 보증 측면에서 고객과 함께 검증함으로써 정해진다. 공급자의 검사 또는 시험 조건이 고객의

요구 사항을 반영하는지 고객의 수입 검사 조건과 상관성 결과가 일치하는지를 사전에 검증하는 것이다.

그렇게 검증했음에도 문제가 발생하면 처음 검증하였던 상관성 검증 조건에 어떤 변화가 생겼는지 유출의 관점에서 확인하여야 한다. 예를 들면, 고객 불량 데이터와 해당 제품의 최종 출하 검사 또는 시험 데이터를 비교하여 어떤 차이점이 있는지 확인한다. 차이점이 밝혀지면 D4 단계에서 유출 원인을 분석하고, D5 단계에서 유출에 대한 대책을 수립하는 것이다.

차이점이 없는 것으로 밝혀지면 그 불량을 걸러내는 다른 검사나 시험 조건을 수립하여야 한다. NTF(Not Trouble Found) 불량, 진행형 동작 불량 또는 신뢰성 불량처럼 유출 대책을 수립하기 어려운 불량은 근본 원인을 찾아 발생 공정에서 개선하지 않으면 안 된다. 하지만 NTF 분석 방법, SPC 기법이나 신뢰성 모니터링 기법 개발을 통하여 난해한 불량의 검출력을 최대한 높일 수 있는 방법을 강구하기도 한다.

관리도와 체크시트

관리도는 공정이 시차별로 통계적 안정(일정 품질수준 유지) 상태에 있는지를 판단하는 데 사용하는 도구이다. 공정의 상태를 나타내는 특성 값(데이터)을 관리도 차트에 점을 찍어 연결한 선형 그래프로서 관리 한계(Control limits)를 벗어나면 안정되지 않은 상태로 판단한다.

불량률 및 불량 수에 하한과 상한을 설정하고 범위를 벗어나면 이상 점으로 판단하여 이의 원인을 찾아 개선하여야 한다. 체크시트는 공정에서 데이터(계수치)를 간단하게 취해서 정리하기 쉽도록 사전에 설계된 시트를 말한다. 이것을 이용하면 간단한 체크만으로 필요한 정보를 정리할 수 있고 결점 항목은 없는지 빠뜨리지 않고 체크할 수 있다.

불량 유형별 불량 수, 고객 불만 건수와 같은 계수형 데이터를 관리 항목별로 분류, 기록해 두었다가 D2 문제 현상 파악 시 이의 체크시트 결과를 참조할 수 있다.

D2 문제 정의 단계에서 가장 먼저 확보해야 하는 정보가 불량 발생 롯트(Lot)와 감염으로 추정되는 제품의 번호이다. 현상 파악을 위해 우선 불량 제품의 제조와 공급 이력을 파악하는 데 필요하다.

고객 불만을 예로 들면, 불량을 접수하여 현상을 파악하기 전에 해당 제품 정보를 통해 빠르게 제조 이력을 먼저 추적한다. 이유는, 공정과 출하 품질 지표를 통해 최대한 가능한 증거를 찾아보기 위함이다. 이는 가능한 유출 공정과 발생 공정을 파악함으로써 감염의 범위를 규명하기 위한 목적이 크다.

이때 우리가 이용하는 관리 지표의 표현 방식이 체크시트, 관리도 또는 특정 목적의 관리 대장이다. 그러한 도구가 사용되는 관리 지표는 다음과 같다.

①생산 품질 지표 변화 (제품 수율, 불량 유형, 불량 점유 율 등)

②불량 발생 또는 이웃 롯트의 불량 분석 결과

③SPC 등 공정 능력 모니터링 결과와 이상 점 발생 여부

④출하 품질 및 신뢰성 모니터링 지표

⑤부적합(특채, 재작업, 수리 포함) 발생 여부

⑥6M 변경 발생 여부와 변경 정도(Major/Minor)

⑦공정의 중단 여부(정기적인 중단과 비 정기적인 중단)

⑧해당 공정 리사이클 횟수와 교체 주기

⑨정체 공정과 정체 기간

위와 같은 지표 또는 항목들은 체크시트, 관리도 또는 관리 대장과 같은 도구를 사용하여 평상시 관리하고 있어야 한다. 이의 관리 시스템이 곧 품질 관리 및 보증 시스템이고 이러한 데이터 이력을 빠르게 추적하여 볼 수 있는 것이 추적 관리 시스템이다.

생산 규모가 큰 조직은 이를 수작업으로 하기가 어렵기 때문에 ERP(전사적 자원 관리 시스템)나 MES(생산 실행 시스템)와 같은 자동화된 정보화 시스템을 이용하기도 한다. 제품 관리 계획서의 내용을 정보화 시스템 안에 심어 두고 실행의 결과(데이터)를 입력, 취합에서부터 통계적 처리까지 체크시트나 관리도 형태로 확인할 수 있다. 이러한 관리 지표가 잘 설계되어 있고 평상 시 지속적 개선에 활용되고 있다면 간접적이지만 가능한 문제 원인을 추적하는 데 매우

유용할 것이다.

따라서, 8D의 방법론을 전개하는 조직은 제조 이력 추적을 위한 데이터 관리 시스템에 충분히 필요한 도구들이 사용되고 있는지 엔지니어들이 문제 발생 시 어떻게 활용하고 있는지 점검할 필요가 있다. 그 결과는 문제 발생 시 8D의 TAT(Turn Around Time)를 만족시키는 방향으로 영향을 끼친다.

공정 능력 지수(CP, Cpk)

8D에서 공정 능력 지수를 검토하는 단계는 D2 문제 정의에서부터 D6 유효성 검증 단계까지 폭이 넓다.

공정 능력 지수 평가는 공정 결과를 통계적으로 처리하여 지수 형태로 공정 능력을 평가하는 방법이다. 공정 수행 결과, 데이터의 양이 많아지면 그 데이터는 어떤 모습(공정 중심 과 산포)을 나타내고 그것은 확률 분포 곡선으로 표현이 된다. 우리가 사용하는 공정 능력 지수(Cpk)는 공정 산포와 공정 중심의 치우침을 고려한 공정 능력을 평가하는 지수이다.

공정 측정 결과가 데이터로 존재하는 공정이라면 공정 능력 지수로 모두 나타낼 수 있다. 공정의 규격(Spec) 대비 실제 값이 어느 정도의 산포를 가지는지, 그래서 공정이 안정되어 있는지를 평가한다. 그 지수가 고객이 요구하는 목표에 도달하지 못하는 수준이면 평상시 개선 활동을 통해 이의 공정 산포를 줄이는 노력을 기울여야 한다.

산업마다 고객마다 높은 수준의 공정 능력이 요구되기도 하는데 이는 제품 사용자 안전에 영향을 미치는 제품일 경우 그러하다. 우주항공이나 자동차처럼 고품질의 신뢰성을 요구하는 제품은 설계 및 개발 단계에서 핵심 공정 능력을 확보하지 못하면 양산 자체를 허용하지 않는 경우도 있다. 그래서 문제가 발생했을 때 단위 공정별 공정 능력 지수의 변화를 우선 살펴봐야 한다. 변화가 있다면 공정 변동의 원인이 무엇이고 발생한 문제와 어떤 연관성이 있는지 조사하여야 한다.

8D에서 공정 능력 지수는 D2 문제 정의 단계에서는 현상 파악을 위한 개괄적인 접근 방법으로 사용한다. 문제 롯트를 포함하는 감염 제품 그룹의 공정별 데이터가 문제 발생 이전의 제품 그룹과 비교하여 공정 능력 지수의 차이가 있는지를 공정별 Cpk 분석을 통해 확인한다. 공정 능력 지수에는 유의차가 없더라도 감염 제품 그룹의 개별 데이터가 공정 산포의 중심에서 어느 정도 벗어나 있는지 확인하는 것도 필요하다. 특히 D2 단계에서 공정 능력 지수가 안 좋은 공정이 문제의 발생 원인이라는 판단이 서면 범위를 좁혀 해당 공정에 대한 세부적인 원인 조사를 실시하게 된다.

D4 원인 분석 단계에서는 발생 원인으로 지목된 공정에 대해 공정 능력 지수를 상세하게 분석하게 된다. 이때 사용하는 주요 기법이

생선 뼈 도표(Fishborn Diagram)와 층별 분석이다. 이를 통해 공정 능력 지수에 영향을 주는 요인과 그 요인이 문제 원인과 어떤 메커니즘이 성립되는지를 분석하는 것이다. 이런 연결 과정이 딱히 어느 단계의 활동에 속하는지를 구분할 필요는 없다. 공정 능력 지수에 유의차를 보이는 경우라면, D6 유효성 검증 단계에 가서는 대책 적용 전후의 공정 능력 지수 변화도 체크하여야 한다.

공정별 지수 평가, 분석 및 개선의 과정은 평상시 지속적 팀 개선 활동을 통해 주기적으로 업데이트, 모니터링되어야 한다. 그리고, 평상시 이상 점 발생 시 OCAP(Out Of Control Activity Plan) 활동을 통해 6M 요소와의 관련성을 잘 규명하고 정립하고 있어야 한다.

그래야 문제 발생 시 공정 능력 지수만 보고도 문제와의 상관성을 빠르게 확인할 수 있다.

FTA(Fault Tree Analysis)

문제가 발생했을 때 현상에 대한 원인을 파악해 나가는 모습이 나무처럼 생겼다고 해서 고장 목(나무) 분석이라고 한다.

불량, 고장, 재해 등 특정한 문제를 맨 위(Top Event)에 놓고 아래 방향으로 원인과 결과의 관계를 논리 기호로 나타내는 상-하(Top-Down) 문제 해결 기법이다.

문제 원인 계통을 따라 내려가면서 세부 발생 원인을 추적하고 확률적으로 가장 가능한 요인을 해석할 수 있다. 또한 주관적인 대책 수립을 배제하고 시스템적 계통적인 대책을 수립하는 장점이 있다. 제품 개발, 설계 변경, 클레임 분석 및 대책 검토에 사용하지만 설비나 시스템의 고장 원인을 밝히고 수리하는 고장 대응 매뉴얼의 자료로도 활용된다.

FTA는 개인별로 진행하는 것이 아니라 해당 고장 전문가들로 구성된 팀에서 주도하여야 한다. 너무 큰 범위에서 접근하기보다는 가능한 중요하고 세부적인 고장에 대해서 전개한다. 예를 들면 고장 유형을 외관 불량식으로 광범위하게 분류하기보다는 외관 불량 중 가장 높은 발생률을 보이는 탑(Top) 3식으로 특정하여 개별 FTA를 전개하는 것이다.

FTA는 가능한 세부적으로 전개하여야 하며 새로운 불량 원인이 밝혀질 때마다 FTA를 재시도한다. 반복해서 전개하다 보면 완성된 문제 원인의 계통을 파악할 수 있다.

기계, 전자 시스템처럼 FTA를 통해 문제의 원인 계통을 쉽게 파악 가능한 제품도 있고, 반도체처럼 공정이 길고 복잡하여 또는 여러 복합 원인이 작용하기 때문에 FTA를 통해 모든 원인 계통을 파악하기 어려운 제품도 있다. 그렇지만 FTA를 꾸준히 사용하다 보면 다양한 문제 경험 축적을 통해 완벽하지는 않더라도 어느정도 완성된 FTA를 이루어낼 수는 있다. 이러한 FTA는 신제품 개발이나 문제 발생 시 교훈으로 사용되기도 한다

5W2H

앞서 D2 문제 정의 단계 설명에서 5W(Who, What, When, Where, Why) & 2H(How, How many)가 무엇인지 언급하였다.

5W2H는 D2(문제 정의) 단계에서 1차적으로 현상을 파악하기 위한 도구로 사용한다. 다만 문제 발생, 유출, 원인 관점에 따라 구분하여 전개할 필요가 있다. 이의 구분을 제대로 하지 않을 경우 5W2H는 시점과 관점의 충돌이 발생한다.

위 세 가지 관점에 따라 5W2H를 이용하여 문제를 정의한 예를 들면 다음과 같다.

1) 5W2H(문제 발견 관점)

ID	5W2H	내용	비고
1	누가(Who)	고객 검시지(발견), 엔지니어(확인)	
2	무엇을(What)	외관 불량 (이물질)	Lot # 12345
3	언제(When)	2024년 1월 30일	메일 참조
4	어디서(Where)	IQC 입고 검사	고객 사이트
5	왜(Why)	입고 시 불량 선별	100% 전수
6	어떻게(How)	육안 검사	IQC Spec 참조
7	얼마나(How many)	1개 (0.1%, 1/1000개)	목표 ≤ 0.05%

2) 5W2H(문제 유출 관점)

ID	5W2H	내용	비고
1	누가(Who)	생산 & 품질 검사자	최종검사&품질검사
2	무엇을(What)	외관 불량 (이물질)	Lot # 12345
3	언제(When)	2024년 1월 25일	검사 성적서
4	어디서(Where)	최종 & 출하 검사	1공장 B 라인
5	왜(Why)	출하 품질 보증	200% 전수
6	어떻게(How)	육안 검사	검사 표준
7	얼마나(How many)	0.5%(최종검사), 0.01%(출하검사)	검사 성적서

3) 5W2H(원인 발생 관점)

ID	5W2H	내용	비고
1	누가(Who)	작업자 A	세정 공정
2	무엇을(What)	외관 불량(이물질)	Lot # 12345
3	언제(When)	2024년 1월 23일	
4	어디서(Where)	3차 세정 공정	1공장 A 라인
5	왜(Why)	세정 오염 물질 추정	가능 원인
6	어떻게(How)	세정 중 오염 물질이 제품에 고착	유형 분석 참조
7	얼마나(How many)	0.5%(최종검사), 0.01%(출하검사)	검사 성적서

문제 발견 관점의 5W2H는 D2 문제 정의 단계에서, 유출 관점과 원인 발생 관점의 5W2H는 D4 근본 원인 단계에서 완성이 된다. 5W2H의 최대 장점은 복잡한 문제도 쉽고 단순 명료하게 정리할 수 있다는 것이다. 그러나 5W2H 중에서 Why와 How Many는 단순하게만 정리해서는 안 된다.

Why는 단순히 표면적인 원인만을 적는 게 아니고 유출 원인, 발생 원인 및 시스템 원인 관점에서 근본 원인을 찾기 위한 3X 5Why를 전개한 후 그 근본 원인을 적어야 한다.

How Many는 문제가 진행형이 아닐 경우 현상 파악 단계에서 바로 규명이 될 수 있다. 그러나 감염 제품의 규모가 크고 신뢰성 검증 등을 통해 추후 감염 제품을 판정해야 할 경우 D7 재발 방지 단계에 가서야 How Many를 최종적으로 집계할 수 있다.

결론적으로 5W2H는 D2 현상 파악에서부터 D7 재발 방지 단계에 이르기까지 세 가지 관점에서 내용을 계속 업데이트하면서 파악하여야 한다. 즉 최종 8D 보고서 작성 단계에서 그 내용이 완성이 된다.

생선 뼈 도표 & 브레인스토밍

문제와 원인 관계를 명확하게 밝히고자 하는 것이 생선 뼈 도표(Fishborn diagram)이다. 특성 요인도(Cause and Effect Diagram)와 같으며, 결과에 영향을 미치는 주요 원인을 계통으로 정리하여 원인을 규명하는 도구이다. 즉 문제점의 결과치에 6M을 접목시켜 시각적으로 연관성을 확인할 수 있게 만든 그림 표이다.

그 연관성을 확인하는 방법은, 관련 엔지니어들이 브레인스토밍 등을 통해 특성 요인을 정리하고, 정리한 요인에 대해 상관성 분석을 실시하면서 구체적인 증거를 확인한다. 데이터 분석만으로 불충분할 경우 DOE 실행을 통해 D4 근본 원인 분석 단계까지 인과 관계 파악이 지속될 수 있다.

브레인스토밍은 자유로운 분위기에서 참여자의 창조적인 아이디어를 끌어내어 문제 원인을 찾거나 해결 방안을 모색하는 대면 토론 기법이다. 따라서, 생선 뼈 도표를 적용할 때는 팀 리더의 주관 하에 팀원들, 그리고 관련 전문가들이 참여하여 실시할 필요가 있다.

생선 뼈 도표와 브레인스토밍은 D2에서 D4에 이르기까지 큰 그림의 원인 규명 도구로 사용된다. 6M 계통을 펼쳐 놓고 어떤 특성 요인(인자)들이 문제와 관련성이 있는지 브레인스토밍을 통해 1차적으로 파악한다.

관련 특성 요인이 가능 원인인 것으로 범위가 좁혀지면 증거 수집을 위해 분석과 검증에 들어간다. 그때 또 다시 히스토그램, 파레토 차트, 체크시트, 관리도, 공정 능력 지수 및 DOE 등 도구를 사용할 수 있다.

머리속에 직접적인 특성 요인이 무엇인지 알고 있다하더라도 생선 뼈 도표로 6M에 대한 관련성을 충실히 전개할 필요가 있다. 왜냐하면 8D 보고서는 원인만을 딱 집어서 '이것이다' 증명하고 끝내는 것이 아니기 때문이다. 왜 다른 특성 요인은 어떤 근거 때문에 원인이 안되는지를 증명하는 것도 필요하기 때문이다. 그래야 '모든 요인을 검토해서 나온 최종 결과' 그리고, '더 이상 재발하지 않겠구나' 하는 믿음을 가질 수 있다.

산점도(Scatter plot)

산점도는 생선 뼈 도표에서 파악된 특성과 다른 특성 또는 특성과 원인의 상관 관계를 조사하는 데 사용하는 도구이다.
X, Y 좌표 상에 두 개의 연속되는 변수의 관계를 점으로 표시하여 나타내는 그래프 방법인데, 데이터의 흩어짐이나 분포의 형태로 상관 관계를 쉽게 판단할 수 있는 방법이다. 장점은 많은 양의 데이터를 시각적으로 보여주어 문제 여부를 데이터의 산포를 통해 쉽게 파악할 수 있다.
다만 산점도는 상관 관계만을 보여주는 도구이며, 왜 그런지에 대한 근본 원인에 대해서는 층별 분석 등 다른 도구 등으로 확인하는 과정이 필요하다.

층별(Stratification) 분석

　층별 분석은 D2~D4 단계에서 주로 세부적인 원인 파악을 위해 사용하는 도구이다. 작업자, 기계, 재료, 작업 방법 등 요소별로 데이터 산포의 원인 인자(요인)들을 나누는 것이다. 즉 데이터 집단을 특징에 따라 여러 부분 집단으로 나누어 분석하는 방법이다.
　층별 분석의 간단한 예를 들면 다음과 같다.
　고객 불량 분석 결과, 가능한 원인 공정이 파악되었다. 그 공정의 제조 이력을 조사하니 a라는 장비에서 진행되었다. 감염 제품 집단과 공정 불량률 간의 상관성을 분석하였더니 경향성 차이점이나 이상점은 보이지 않았다. 그러나 원인 공정에 사용된 장비가 세 대 있는데 각각에 대해 층별 분석을 실시해보니 a, b, c 장비 중 a에서 진행된 제품 집단이 상대적으로 불량률이 높은 것으로 나타났다. 해당 불량 원인이 a장비에 기인했을 것으로 판단할 수 있는 분석 결과이다.
　다른 예를 하나 더 들어보면 다음과 같다.
　어떤 공정의 Cpk 데이터가 지난 주 1.3 대비 1.0으로 낮게 나타나 개선이 필요한 것으로 파악되었다. 가장 먼저 머리속에 떠오르는 필요 데이터는 무엇일까? 우선 모집단 데이터의 분포 곡선을 그려 보고 산포와 위치를 파악하여야 한다. 최대 값, 최소 값, 평균 값 및 표준 편차 등은 얼마인지 한 눈에 알아볼 수 있다. 산포(흩어짐의 정도)

와 치우침은 어느 정도인지도 알 수 있다.

분포 곡선을 파악했다면 6M 요소별로 관련성이 있다고 판단하는 특성 요인에 대해 층별 분석을 실시하여야 한다. 전체 집단으로 봤을 때는 안 보이는 문제가 층별로 나누었을 때 발견될 수 있다. 이의 분석을 가능하게 하는 매우 유용한 분석 도구가 바로 층별 분석이다.

층별 분석을 잘하기 위한 전제 조건은, 층별 분석이 가능하도록 6M 요소별 데이터의 구분 기록, 관리가 필히 시스템적으로 구축되어야 한다는 것이다. 1차 기록(Raw data)만 존재해서는 분석의 어려움(시간과 인력 투자)이 뒤따르기 때문에 공정 데이터를 통계적으로 처리하는 프로그램도 수반되어야 한다.

층별 분석의 대상과 쓰임새는 다음과 같다.

① 작업자 층별(작업 조, 개별 작업자, 작업 경력, 연령 등)

수작업 공정 및 검사에서는 작업자에 의한 품질 변동이 크게 나타날 수 있다. 특히 주간 조와 야간 조의 차이, 작업자 별 능력 차이, 작업 기간과 이에 따른 숙련도 차이 등이 있을 수 있다.

경력이 오래 되었다고 무조건 작업 수행 결과가 더 나은 것은 아니다. 층별 분석 결과의 피드백(무기명 집단 공개)은 때로는 베테랑 작업자의 마인드를 재무장 또는 초심으로 돌아가게 하는 효과를 얻을 수 있다.

②장비 층별(공장, 장비 모델, 호기, 수명, 치 공구 종류 등)

　장비는 이미 구매 시점에서 적용 목적에 따라 공정 적합성 검토가 이루어지기 때문에 운영 중에 모델 간의 층별 분석은 잘 실시하지 않는다. 다만 동일 공정에서 다른 모델 간의 장비와 호기, 같은 모델 내에서의 다른 호기에 대해서는 층별 분석이 필요하다. 그 외 장비 수명, 치공구의 종류, PM(정기 유지 보수) 및 사용 원자재 종류 등도 데이터 산포, 정밀도와 정확도에 영향을 주는 원인 인자로 분석될 수 있다.

③원재료 층별(공급자, 제조일자, 입고 시기, 보관 기간 등)

　원재료 또한 장비와 비슷한 맥락에서 구매 시 제품 및 공정 적합성 검토가 먼저 이루어진다. 운영 중에는 동일 제품, 동일 공정에 모델 간 호환 사용을 거의 하지 않기 때문에 층별 분석이 필요 없을 수 있다. 간혹 동일 제품에 공장을 달리할 경우(예, 본사와 해외 공장 등) 공정이나 제품 성과에 대한 층별 분석을 실시할 수 있다. 동일 공장에서 제품별로 원자재를 구분하거나 동일 제품에 주 원자재와 백업 원자재로 나누어 사용할 경우 층별 분석이 필요하다.

④작업 방법 층별(작업 조건, 시점, 롯트, 측정, 부품 사용 수 등)

　한 번 정해진 작업 방법이 변경되는 경우는 변경 관리 절차에 따라 검증 및 승인을 받았을 때다. 따라서, 평상시 셋팅 작업 조건이 변함

없다는 가정 하에서는 층별 분석은 해당 사항이 없다. 다만 공정을 수행한 결과(출력 특성) 변동이 발생해서 작업 조건(입력 특성)을 점검, 분석해야 할 때는 이에 대한 층별 분석을 실시할 수 있다. 이때는 DOE 고려가 필요하다.

문제가 발생한 경우의 층별 분석은 공정 작업 기간(문제 발생 시점을 기준으로 전과 후)과 감염 롯트 여부에 따라 층별 분석을 실시하는 것이 일반적이다. 작업 조건의 층별 분석과 개선 관리는 평상시 주요 입력 특성에 대한 변동을 주기적으로 모니터링함으로써 예방하는 방법이 있다.

⑤측정 방법 층별(계측기, 측정자, 측정 방법, 환경, 시편 등)

측정 방법의 층별 분석은 일반적으로 알려진 측정 시스템 분석(MSA: Measurement System Analysis) 매뉴얼에 따라 실시한다. 여기서 측정 시스템이란 계측기만을 뜻하는 것이 아니다. 측정값을 얻기 위해 투입되는 모든 인적, 물적 자원의 집합이다. 예를 들면 측정자, 계측기, 측정 표준, 작업 방법, 고정구, 소프트웨어 및 측정 환경 등의 집합체 모두 해당이 된다.

측정 시스템 분석은 제품을 측정했을 때 나타나는 총 결과 값에서 측정자와 계측기에 의한 오차(변동)만을 분리한 후 그 차이를 비교하여 측정 시스템의 적절성 여부를 판단하는 것이다. 측정 시스템에서 변동에 가장 큰 영향을 주는 것이 측정자와 계측기이므로 이를

Gage R&R(Repeatability & Reproducebility)이란 분석 방법으로 시스템 변동을 평가하는 것이다.

⑥환경 층별(온도, 습도, 조명, 먼지, 진동 등)

6M 요소 중 제조나 검사의 부적절한 환경 조건 설정이나 조건 변화에 의해 문제가 발생할 수 있다. 외관 품질이 중요한 제품은 조명, 작업 공간 내 먼지의 수 등이 영향을 주고, 동작과 치수 품질이 중요한 제품은 온도, 습도, 먼지, 진동 등이 영향을 줄 수 있다. 특히 높은 정밀도를 요구하는 제조, 검사 및 시험 장비는 미세한 환경 요인에도 제품에 미치는 영향이 크게 나타난다.

층별 분석은 평상시 지속적인 개선 활동을 통해 그 대상을 선정, 점검하면서 주기적으로 실시하는 것이 필요하다. 제품 품질 변동의 차이가 주로 어디에서 발생하는지 취약한 포인트를 알고 있으면 문제 발생 시 근본 원인에 대한 접근이 훨씬 빠르고 수월하다.

3X 5Why

5Why는 D4 근본 원인 분석 시에 사용하는 도구이다.
TPS(도요타 생산 시스템)에서 시작된 것으로 알려져 있으며 문제 발생 시 근본 원인을 추적하여 찾고자 하는 방법론이다.

근본 원인에 도달하기 위해서는 왜(Why)라는 질문을 최소한 다섯 번까지는 연속해야 진짜 원인을 찾을 수 있다는 의미이다.
다섯 번까지 질문을 했는데도 문제의 근본 원인에 충분히 다가가지 못했다면 여섯 번 일곱 번까지도 질문을 반복할 수도 있다.

앞서 D4 단계(원인 분석)에서 3X는 3가지 축으로 5Why를 전개한다고 언급하였다. 가장 먼저 유출 원인에 대한 5Why를, 다음은 공정(발생) 원인에 대한 5Why를, 마지막에는 시스템 원인에 대한 5Why를 각각 전개하여야 한다.

시스템 원인이 바로 파악이 되는 경우에는 굳이 마지막에 시스템 원인의 5Why를 전개할 필요는 없다. 보통은 유출 원인과 공정 원인에 대한 5Why를 전개하다가 근본 원인에 가까워지면서 시스템 문제가 있음을 발견하는 경우가 많다.

즉 유출 원인 및 공정 원인을 파악하는 과정에서 도출된 시스템 원인을 5Why로 다시 연결, 전개하면 된다.

시스템 원인을 억지로 꺼내 전개할 필요는 없지만 자세히 근본 원인을 찾아 들어가다 보면 시스템 원인에 귀결되는 문제들이 크든 작든 있는 것은 분명하다.

<5Why 전개 예시>
고객 입고 검사에서 외관 불량(미세 스크래치)이 발견되었다.

①유출 원인 5Why

단계	왜	원인	대책
1	왜 유출되었나?	출하검사 불량(실행)	검사 강화
2	왜 출하 검사 불량?	신입 검사자 능력부족	검사자 교육
3	왜 검사 능력 부족?	한도 견본 이해부족	한도 품 재검사
4	왜 한도 이해 부족?	교육 불충분	한도 견본 교육
5	왜 교육 불충분?	짧은 OJT & 자료부족	OJT프로그램 개선

②공정 원인 5Why

단계	왜	원인	대책
1	왜 발생하였나?	연마 공정 작업 실수	연마 재작업
2	왜 작업 실수?	가공 작업자가 연마	미 승인 연마 금지
3	왜 가공 작업자가 연마 작업을?	1)야간 연마 작업 없음 2)긴급 납기 대응	긴급 대응 시 연마 작업자 OT 요청
4	1)왜 야간에는 없나? 2)왜 긴급 대응?	1)인원 불충분 2)고객 요구 충족	다기능 작업자 확보(연마 등)
5	1)왜 인원 불충분? 2)왜 고객요구 충족?	1)이직이 잦다 2)경쟁력 우위 확보	1)이직율 개선 2)병목 공정 개선

③시스템 원인 5Why-OJT 프로그램 및 이직율 개선

단계	왜	원인	대책
1	왜 OJT가 짧은가?	생산 투입이 촉박하다	OJT 효과성 개선 (교훈 교육 강화)
2	왜 투입이 촉박한가?	생산 인원이 늘 부족	다기능 교육 강화
3	왜 늘 부족한가?	이직이 잦다 (전문가 육성 어렵다)	리스크 공정의 백업 인력 배치
4	왜 이직이 잦은가?	근무 환경이 안 좋다	무기명 설문 조사
5	왜 환경이 안 좋은가?	1) 억압적 관리 분위기 2) 저 연봉& 무보너스	1)인사 조직 개편 2)성과 관리 도입 3)주기적 면담

제품 불량의 경우, 5Why를 제대로 전개하기 위해서는 기본적으로 제품 구조, 기능 및 동작 원리를 먼저 이해해야 한다. 또한 공정의 흐름과 연계성, 제품에 투입되는 6M에 대한 이해를 하고 있어야 한다. 한 두 명의 엔지니어가 이를 모두 알 수 없기 때문에 관련 베테랑 엔지니어(전문가)들이 참여하여야 5Why를 효과적으로 전개할 수 있다.

5Why 작성 스킬도 매우 중요하다. 8D 보고서의 심장과도 같은 부분이기 때문에 정확하게 작성하여야 한다. 완성된 5Why는 문제 근본 원인을 증명하는 유일한 방법이다. 5Why 작성 결과, 원인과 대책이 인과 관계를 가지지 못하면 두가지 중 하나의 오류가 있다.

5Why를 잘못 전개하였거나(5Why와 관계없이 대책이 들어갔거나), 5Why는 제대로 전개하였는데 대책은 다르게 들어간 경우이다. D4 근본 원인 단계에서의 5Why 결과와 D5 영구 대책 단계에서의 대책이 인과성에 대한 메커니즘을 증명 못하는 결과로 정리되어서는 안 된다.

   5Why 작성 시 주의 사항은 단문 형태의 이해 가능한 수준으로 짧게 작성해야 한다는 것이다. 한꺼번에 논리를 비약하면서 두 단계 이상 점프해서는 안 된다.

   5Why 마지막 단계에서 근본 원인은 조직이 실천할 수 있는 범위에서 주로 기술적, 관리적인 대책을 염두에 두고 도출하여야 한다. 근본 원인이 너무 크고 방대하게 또는 두리뭉실하게 정리되어 현실적으로 실천할 수 없는 대책이나 전략적, 경제적 이유로 언제 실천할지 모르는 대책을 끌고 와서는 안 된다.

Is/Is-Not

   앞서 5W2H를 문제 발견 시점, 유출 시점과 원인 발생 시점에 따라 구분하여 전개한다고 하였다. Is/Is-Not은 원인 분석 결과를 5W(Who, What, When, Where, Why) & 2H(How, How many)를 사용하여 D4 단계에서 비교법으로 정리한 워크시트를 활용한다.

   수평 전개의 개념과 비슷하다. 문제(What)에 대해 잘못된 현상을 기술하고, 그 문제(What)가 어디서(Where), 언제(When), 얼마나 (How Many) 발생했는지 동일 공장 내 다른 제품과 그 영향에 대해 비교하는 방식이다. D2 단계에서는 차이점을 '그렇다/그렇지 않다'로 규정하고, D4 단계에서 비교 대상 간의 구체적인 차이점과 변경점을 비교하여 분석한다.

동일한 공장에서 생산하였음에도 어떤 제품은 문제가 되고 어떤 제품은 그렇지 않다면 그 차이점을 파악하여야 한다. 그래야 근본 원인에 대한 정확한 대책을 수립할 수 있다. 이는 수평 전개 시 유용하게 사용할 수 있는 방법이며, 그 비교 대상을 6M을 놓고 차이점과 변경점을 비교 분석하면 좀 더 효과적으로 원인을 파악하는 데 도움이 된다.

실험 계획법(DOE: Design Of Experiment)

DOE는 제품이나 서비스 품질에 영향을 미치는 요인을 찾아내고, 그 영향을 파악하기 위해 실험을 계획, 실시하고 그 결과를 분석하기 위한 일련의 통계적 방법론이다.

DOE는 D2~D4 단계에서 근본 원인을 찾고자 할 때, D5 단계에서 원인을 알고 최적의 근본 대책을 수립하고자 할 때 사용한다. 생산 뼈 도표 분석을 통해 문제 요소를 가려내고 문제와 직접 관련성이 있다고 보여지는 세부 요인을 규명하기 위하여 최소의 실험 횟수

(비용)로 최대의 정보를 얻기 위함이다.

　DOE는 실험 목적을 명확히 하고 실험 계획 수립 시 요소별 인자 대비 반응 변수를 선택하는 것이 중요하다. 반응 변수가 여러 개일 경우 1차, 2차 조건을 나누어 실험(Split)한 후 상관 관계가 가장 큰 변수를 먼저 찾아내고 이를 2차, 3차 실험을 통해 최적의 공정 조건을 찾아가는 방법이다.

　DOE는 실험 횟수에 따라 필요한 롯트 수와 시료 수를 고려하고 확보하는 것이 매우 중요하다. 따라서, DOE 실행 시 계획 단계에서부터 문제 관련 이해관계자(고객이나 공급자)의 참여가 필요하다. 실험 계획을 잘못 수립하여 시료가 부족해지거나 원하는 방향으로 결과를 얻는데 실패해서는 안 된다.

　DOE는 현장에서 수행해야 하는 경우가 대부분이므로 롯트나 시료의 취급 시 주의가 필요하며, 이는 변경 관리 절차에 따라 관리되어야 한다. 아울러 엔지니어가 변경에 대한 작업자의 실수를 방지할 수 있도록 면밀한 사전 준비, 작업 지시와 사후 체크가 필요하다.

수평 전개

　문제 발생을 최소화하기 위해 문제 발생 제품과 원인 공정에 적용한 조치를 다른 공장, 다른 제품의 유사한 공정에도 적용을 검토하는 것을 수평 전개라고 한다.

수평 전개를 한다는 것은 제품 또는 공정 간의 관련 지표와 특성을 비교하여 동일한 또는 유사한 문제 현상이 있는지 없는지 확인하는 것이다. 동일한 기술 수준 동일한 공법인데 어떤 제품은 문제가 있고 어떤 제품은 문제가 없다면 어떤 조건 차이 때문인지 비교, 분석하면 문제 원인을 찾을 수가 있다.

　일단 문제가 발생하여 현상이 파악되면 즉시 D2 단계에서부터 수평 전개가 검토되고 경우에 따라서는 정확한 원인이 규명되기 전이라도 선제적 조치를 실시하기도 한다. 그 범위와 순서는 동일 제품의 다른 유사 공정, 다른 제품의 동일 또는 유사 공정, 다른 공장의 동일 제품과 유사 공정 그리고, 다른 기술과 제조 공법의 제품 및 유사 공정이다.

　D2 단계의 수평 전개 검토 결과는 D3 임시조치 단계에서부터 D4 근본 원인 분석을 거쳐 D5 영구 대책 단계에서 완성이 된다.

　수평 전개의 쉬운 예를 들면 다음과 같다.

　문제 발생 공정에 투입된 장비가 5대 있다. 만일 1번 장비에서 a라는 공정 특성에 의해 문제가 발생하였다면 2번~5번 장비도 수평 전개하여 동일한 a라는 공정 특성을 점검해보아야 한다.

　문제 발생 공정에 사용하는 재료 B가 있다. 이 재료를 문제 발생 제품의 다른 유사 공정과 다른 제품의 같거나 유사한 공정에도 사용하고 있다면 수평 전개하여 각각의 출력 특성(공정 적용 후 결과)을 비교, 그 영향을 파악하여야 한다.

이러한 수평 전개는 문제 발생 시에만 적용하는 것은 아니며 평상시 지속적 개선 활동에서 보편적으로 사용하는 중요한 개선 방법론이다. 수평 전개는 넓은 의미에서 제품 및 공정 개발 사례를 유사한 조직의 그것들과 비교함으로써 모범 기준을 만들어내는 일련의 과정 즉, 벤치마킹 기법과도 비슷하다고 볼 수 있다.

D7 단계(재발 방지)
관리 기법과 도구

앞서 D7 재발 방지 단계의 다른 표현을 표준화, 문서화라고 하였다. 표준화, 문서화는 대책의 유효성 검증 결과가 문제 없을 경우 그 대책을 견고하게 유지하는 수단이다.

 대책이 문서화되지 못하고 입에서 입으로만 떠돌아다니다 기억에서 멀어지거나 또는 담당자에 의해 임의로 변경되는 상황이 쉽게 벌어지면 어떻게 될까? 영구 대책은 결국 영구적이지 못하고 흐지부지되거나 다르게 변질될 가능성이 높다.
 한 번 정해지면 영원히 그대로 두라는 말은 아니다. 대책이 정해졌으면 고객이 동의하는 변경 관리 절차에 의한 변경이 아니면 임의로 변경하지 말라는 뜻이다.

이를 보장하기 위한 방법이 누구나 객관적으로 알 수 있도록 D5의 근본 대책을 정해진 문서화 관리 절차에 따라 문서화하는 것이다.

문서화 정보의 표준화 방법은 품질경영시스템 요구사항에 잘 나타나 있다. D7 재발 방지 단계에서 어떤 종류의 문서화가 이루어져야 하는지 소개하면 다음과 같다.

설계 도면(Drawing)

제품 설계의 출력물은 도면이다. 제품 개발 과정을 거치면서 도면은 여러 번 변경될 수 있다. 제품에 대한 유효성 및 실현성 검증 과정이 끝나고 고객의 최종 승인을 받게 되면 그 설계 도면을 등록하고 제품 양산을 위해 이관한다.

양산 과정에서도 설계 변경은 일어날 수 있다. 제품 개발 때는 미처 발견하지 못한 설계 결함이 양산 초기 제조 과정에서 또는 출하 후 고객 제조 또는 필드 사용중에 문제가 발생하는 경우가 있다. 분석 결과 그 원인이 설계적 결함으로 나타나는 경우 제조 공정으로 개선이 어려우면 설계 변경을 하기도 한다. 이러한 변경은 설계를 포함한 공정 변경 관리(PCN, Process Change Notification) 절차 또는 양산 부품 승인 절차(PPAP, Production Part Approval Process)와 설계 도면 관리 절차에 따라 개정이 이루어져야 한다.

문제 발생 시 그 원인이 공정에 있든 설계에 있든 대책이 설계 도면 변경으로 귀결되면, D7 재발 방지에서는 개정된 설계 도면을 등록하여야 한다. 아울러 적용 유효일을 명시하고 적용 효과성에 대해서는 문제 예방 프로세스로 전개하여야 한다.

관리계획서(Control Plan)

제품 설계도를 구현하기 위한 기본적인 제조 관리 문서가 관리 계획서이다.

공정 개발이 끝나고 양산을 위한 관리 계획서가 등록되었다는 것은 설계 도면대로 제품을 만들어내는 일련의 제조 과정이 완성되었다는 뜻이다. 즉 관리 계획서대로 제품을 생산하면 고객이 요구하는 제품 사양을 만족하고 품질 목표를 달성할 수 있다는 것을 의미한다.

제조의 시작에서부터 완료까지 공정의 순서, 공정별 관리 특성과 관리 방법을 개괄적으로 한눈에 알아볼 수 있도록 정리하였기 때문에 제품 제조를 위해서는 가장 근본이 되는 문서로 간주한다.

관리 계획서대로 제조를 하기 위해서 현장에 투입하는 것이 런 시트(Run Sheet) 또는 추적 카드(Traveler Card)이다. 이들은 제조 처음부터 끝까지 순서대로 공정을 진행했다는 관리 계획서에 대한 실행 증거물이다.

MES(Manufacturing Execution System)처럼 자동화된 생산 관리 시스템을 적용하는 경우에도 관리 계획서가 바탕이 되어야 한다. 따라서, 관리 계획서는 문서화 정보로 유지되어야 하고 이를 바탕으로 소프트웨어 프로그램이 만들어져야 한다. 관리 계획서가 개정되지 않았는데 런 시트나 추적 카드 및 소프트웨어 프로그램이 임의로 변경되어서는 안 된다.

관리 계획서는 문서와 실행이 일치되게끔 운영을 하여야 하고 문제 발생 시, 대책이 수립이 되면 그 대책이 관리 계획서 상에서 어떤 변경으로 이어지는지 확인하여야 한다. 변경 사항이 있으면 관리 계획서를 개정하여야 하고, 그 변경 사항은 고객 요구 시 중요도에 따라 사전에 고객 승인을 득하여야 한다.

자동차 품질 경영시스템 표준(IATF16949)과 사전 제품 품질 기획(APQP, Advanced Product Quality Planning) 매뉴얼에는 관리 계획서의 요구 사항과 이의 사용 가이드 라인이 상세하게 나와 있다. 관리 계획서를 제대로 갖추지 못하였거나 정확하게 운영하지 못하는 조직은 생산 관리 시스템의 첫 단추를 잘못 꿰고 있다 하여도 과언이 아니다.

단위 공정 표준서(Unit Process Specification)

전체 범위를 놓고 필요에 따라 대분류, 중분류, 소분류로 크기를 구분할 때가 있다. 예를 들면 주소를 광역시 또는 도, 시, 구, 도로 이름 및 지번 순으로 구분하여 표기하는 것과 같다. 전체를 크기에 따라 영역을 나눌 경우 단계적 위계 구조(Hierarchy Structure)를 가지도록 구분하는 방식이다.

단위 공정 표준서는 조직이 규정한 제조 공정의 단위별로 공정을 수행하는 목적, 적용 범위, 책임과 권한, 용어 정의, 공정 세부 순서와 6M 운영 방법, 특기 사항(부적합 처리, 안전 관련 조치 사항, 기록 관리) 등을 지침으로 규정한 기술 표준이다. 이러한 기술 표준은 엔지니어 용도의 문서가 있고 작업자 용도의 문서가 있다.

이러한 문서의 명칭은 표준서, 지침서, 지도서 등 조직마다 다르다. 어떤 명칭이든 엔지니어가 사용하는 표준과 작업자가 사용하는 표준은 구분할 필요가 있다. 기술 표준을 작업자가 그대로 이해하고 작업을 수행하기 어려울 경우에는 작업자 및 검사자를 위해 작업 지침서, 검사 지침서 및 한도 견본 등을 기술 표준 하위에 두고 운영하는 것이 필요하다.

D5 단계에서 유출과 발생 원인에 대한 근본 대책이 수립이 되고 D6 단계에서 검증이 완료되었다면 D7 단계에서는 필히 그 대책을 문서화하여야 한다. 그 문서화 대상이 설계 도면, 관리 계획서, 단위 공정 표준서 등이다.

그 다음은 그 문서들과 연계되는 실행 방법을 확인하여야 한다. 런 시트나 추적 카드, 작업자용 지도서나 매뉴얼, 한도 견본 등 세부적인 실행 방법도 연동하여 개정하고 적용 전에는 작업자 교육을 먼저 실시하여야 한다.

그 실행 시점을 적용 유효일자(Effective Date)라 부른다. 이 적용 일자를 철저하게 관리하지 않을 경우 제품의 추적 시스템에 균열이 생길 수 있다. 따라서, 문서의 적용 유효일자와 현장에서의 적용 일자는 일치되어야 하고, 적용 시간은 규칙으로 약속되어 있어야 한다.

프로세스(Process)와 절차서(Procedure)

관리 계획서가 단위 공정 스펙(기술 표준)의 상위층에 있는 제조 문서의 우두머리라면 그 위에는 어떤 상위 문서가 필요할까? 관리 계획서를 운영하는 공정 관리 또는 생산 관리 절차서가 필요하고, 그 위에는 생산 관련 절차들을 모두 통합하는 생산 관리 프로세스라는 문서가 필요할 것이다.

프로세스는 주요 기능에 따라 경영 프로세스, 영업 프로세스, 개발 프로세스, 생산 프로세스, 구매 프로세스, 고객 만족 프로세스 등이 있을 수 있고 이들을 정점에서 통합 지배하는 문서가 바로 경영 시스템 매뉴얼이다.

각 기능의 일들이 유기적으로 잘 돌아가는지는 이러한 문서 위계 구조를 통해 경영 시스템이 어떻게 구성되어 있는지 프로세스가 어떻게 연결되는지를 보면 금방 알 수 있다.

이러한 경영 시스템의 문서 위계 구조와 8D와는 어떤 관계가 있을까? 정리하자면 다음과 같다.

문제 원인은 3X 5Why로 전개했을 때 유출 원인, 발생 원인 및 시스템 원인이 있다고 하였다. 각각의 5Why 단계별로 원인에 대한 대책이 나올 수 있는데 그 대책들이 표준화, 문서화로 나타나는 형태가 경영 시스템의 문서화이다.

기술적인 원인의 대책은 관리 계획서, 단위 공정 표준서, 작업 지침서 또는 작업 매뉴얼 및 한도 견본 등으로 문서화가 이루어진다. 관리적인 원인의 대책은 경영 시스템 매뉴얼, 프로세스, 절차서 또는 규정 등으로 문서화가 이루어질 것이다.

따라서, D7 재발 방지 단계에서는 앞서 5Why에서 파악된 모든 원인에 대한 대책들을 전체 경영 시스템의 문서화 정보 구조를 들여다보고 해당하는 문서를 누락없이 연동하여 개정하는 것이 필요하다.

FMEA(Failure Mode Effect Analysis)

앞서 리스크와 문제의 관계를 설명하였다.

문제를 미리 발굴, 평가하여 리스크 크기에 따라 미리 예방 조치하는 기법이 잠재적 고장 유형의 영향 분석(FMEA)이고, 문제 발생 시 이를 해결하고 재발하지 않도록 조치하는 방법론이 8D이다.

FMEA 기법으로 현재 많이 알려지고 있는 매뉴얼은 미국의 AIAG(Automotive Industry Action Group) FMEA 매뉴얼과 VDA(독일 자동차 협회) FMEA 매뉴얼이 통합된 AIAG-VDA FMEA Handbook이 있다. FMEA는 자동차 품질 경영 시스템에서의 요구 사항으로 5가지 핵심 도구 중 하나이지만 FMEA 양식이나 전개 방법은 매뉴얼을 참조하여 조직의 제품과 상황에 맞게 운영할 수 있다.

FMEA를 운영하지 않는 조직은 생소하게 들릴지 모르나 8D와 FMEA의 관계는 문제 개선에 있어 바늘과 실 같이 결합이 되어야 시너지가 나는 존재이다.

FMEA는 설계 영역에 따라, 또는 관리 계획서의 공정 순서에 따라 공정별 발생 가능한 고장 유형을 발굴하고 정해진 심각도, 발생도 및 검출도 기준으로 평가를 한다. 그리고, 그 고장이 문제를 일으키지 않도록 관리 방법을 설정하고 지속적으로 리스크를 줄여 나가는 살아있는 개선 활동의 기법이다.

FMEA를 제대로 운영하는 조직은 어떤 문제가 발생하면 FMEA 내용을 펼쳐놓고 알고 있는 문제가 재발한 것인지, 유출된 것인지, 더 심각해진 것인지를 비교해 볼 수 있다. 같은 원인인지, 유형은 같으나 원인은 다른지, 이전에는 몰랐던 전혀 새로운 유형인지 등도 객관적으로 판단할 수 있다.

D7의 재발 방지 대책으로 FMEA가 필요한 이유는, 새로 규명한 원인이나 대책을 FMEA 문서에 추가함으로써 해당 제품의 기술적인

리스크와 고장, 특히 고객에서 일어날 수 있는 신뢰성 불량에 대한 평가를 최신으로 업데이트하여 평상시 예방 조치 활동으로 이어지도록 관리하자는 목적 때문이다.

FMEA를 제대로 운영하고 있는지 여부는 다른 관점에서도 엿볼 수 있다. 문제가 발생했을 때 그 문제가 FMEA 문서에는 없는 고장이라면 예방 조치를 위한 잠재적 고장 발굴 활동이 취약했다는 증거이다. 원인이 다른 고장이 자주 발생한다면 작업 요소 6M에 대한 원인 분석이 세밀하지 않았거나 소홀했다는 증거이다.

FMEA는 개발 단계에서부터 이전의 문제 경험과 개선 노하우를 바탕으로 예측 발굴한 문제들을 담게 되지만 이후 양산을 거치면서 새로 경험하는 문제들을 포함하게 된다. 따라서, FMEA는 문제에 관한 이전 기술과 이후 기술을 연결하여 주는 살아있는 교훈(Lesson Learn)이자 DB(Data Base)로 활용할 수 있는 문서이다.

D7 재발 방지 단계의 완성을 위해서는 일단 문제 예방 조치 프로세스와 세부 FMEA 운영 절차 등을 유지하여야 한다. 활동 팀 구성이나, 활동 주기, 활동 방법, 사용 도구 및 성과 지표 등이 그 안에 나타나야 한다. 이러한 프로세스나 운영 절차 없이 8D 보고서에 FMEA 양식만을 단편적으로 삽입하여 작성한 것을 'FMEA 문서화 하였다'고 말해서는 안 된다. 재발 방지의 본질과는 거리가 멀기 때문이다.

결론은 개발 단계에서부터 FMEA를 제대로 충실하게 진심으로 실행한 조직은 양산에서 줄어든 문제를 또는 덜 심각한 문제를 만날 것이고 그렇지 않은 조직은 더 큰 비용을 지불해야 하는 문제와 상황을 만날 수 있다는 뜻이다.

많은 조직에서 FMEA 운영이 잘 안되는 모습을 볼 수 있다. 그 대부분의 원인은 문제 보고를 받는 위치에 있는 책임자 또는 경영자가 FMEA라는 도구를 잘 모르거나 사용해보지 않아 어색하고 활용이 서툰 이유 때문이다. 그래서, 책임자와 경영자가 FMEA 도구를 먼저 이해하여야 한다. 이해하고 있어야 엔지니어들과 기술적인 의사소통이 가능하다. 경영자와 의사소통이 되지 않는 도구를 엔지니어들이 공들여 사용할 리 없다.

문제 해결의 결과가 D7에서 FMEA로 연결되어야 하는 것은 자동차 산업 표준의 요구사항이다. 어떻게 하면 살아있는 문서로 FMEA가 잘 사용될 수 있을까?

'앞으로 모든 문제 발생 시 8D와 FMEA Sheet 로 보고하세요!'

경영자의 이 한 마디라면 FMEA는 살아있는 문서로 비로소 눈을 뜨게 될 것이다.

교훈(Lesson Learn)

교훈은 문제 예방과 재발 방지를 위해 사용하는 도구이다. 특별히 정해진 양식이 있는 것은 아니지만, 주로 체크시트 형태로 운영을 하기도 한다. 과거 고객으로부터 주문자 방식의 부품 제조를 하던 시절에는, 이러한 교훈이 크게 필요하지는 않았다. 고객이 요구하는 대로 따라가기만 하면 되었기 때문이다. 이후 자체 설계로 자체 제품을 생산하면서부터 많은 시행 착오와 실패를 경험하면서 이의 극복을 위해 사례 교훈을 활용하게 되었다.

교훈은 기존 고객의 설계나 제조 방식, 벤치마킹, 국제 기술 표준, 경험했던 실패 사례들을 모은 체크시트 형식이었다. 개발은 빠른 개발 납기와 양산 이관 성공을 위해, 제조는 수율(Yield) 개선을 위해, 품질은 고객 불량 감소와 신뢰성 불량 예방을 위해 나름의 교훈집을 작성하고 운영하였다.

이렇게 기능별로 교훈을 정리하고 운영하는 것도 어느 정도 효과를 낼 수는 있지만 역부족인 상황도 마주하게 되었다. 특히 새로운 기술, 설계이 집적도 악 이러 인한 제조 난이도가 급격히 올라가면서 알고 있는 범위에서의 교훈만으로는 큰 위험을 막는 데 한계가 드러났다. 즉 새로운 관점과 창의적인 아이디어가 필요하게 되었다. 일어난 문제를 보면 예측을 뛰어넘는 또는 완전 상식을 뛰어 넘는 수준이거나 기존에는 아주 사소한 리스크로 치부했는데 기술이 바뀌면서 대형 사고로 이어지는 경우가 생겨났다.

단순히 경험과 실패 사례를 모으는 정도에서 교훈을 운영하면 안 된다는 결론이다. 체계적이고 전사적인 리스크 관리 프로세스를 구축하고, FMEA와 8D를 통한 예방, 해결 및 지속적 개선 활동이 활발하게 살아있어야 새로운 기술 리스크에 맞서는 교훈의 질도 높아지고 그 효과도 극대화될 수 있다.

제품 반송 승인(RMA: Return Material Authorization) Sheet

고객 불만이 발생하여 출하 제품에 대한 반송이 필요한 경우 '제품 반송 승인(RMA)'이 먼저 이루어져야 한다.

RMA는 제품의 하자 등으로 고객이 제조사로 제품을 반송하면서 교환, 수리, 환불 또는 보상을 받는 서비스 절차이다. 이때 사용하는 양식이 RMA Sheet이다. 문제의 근본 원인과 귀책에 대해 논쟁의 여지가 없을 경우 공급자인 제조사가 제품 반송 승인을 한 후 고객에게 RMA Sheet를 송부한다. 고객이라 하더라도 공급자가 RMA 승인하지 않은 상태에서 일방적으로 제품 반송과 보상 요구를 잘 하지는 않는다. 제조사가 반송이나 보상 내용을 받아들일 수 없을 때 마찰을 불러일으키기 때문이다.

B to C(기업과 소비자 사이) 거래 시 기업의 입장에서 RMA라는 용어는 잘 사용하지 않는다. RMA Sheet를 발행하지 않기 때문이다. 상품 판매 시 보증 기간과 기본적인 반품, 교환, 수리, 운송비 부담, 환불 등의 절차와 방법을 사전에 고지하고 있기 때문에 크게 논쟁거리가 발생하지 않는다. 사용자의 건강, 생명과 안전에 관한 문제

가 아니라면 소비자와 법적으로 충돌할 가능성도 그리 많지 않다.

그러나, B to B(기업과 기업 사이) 거래 시 고객이 다르고 제품의 공급 기간과 수량 등이 다르기 때문에 별도 RMA 절차를 마련하는 것이 매우 필요하다. 없을 경우, 문제의 크기에 따라 고객과 의견 충돌이 크게 일어날 수 있고 그 충돌의 결과는 쉽게 예측이 된다.

RMA 절차는 계약 전 단계에서 검토되고 합의가 이루어져야 한다. 출하 후 고객 진행 위치(입고, 공정, 출하, 필드)에 따른 보상 비용, 처리 방법(반품, 수리 및 폐기 등)과 비용 그리고, 기타 보상 조건 등에 대해 규정되어야 한다.

이런 RMA 절차를 바탕으로 고객 문제가 발생하면 팀 리더는 문제 제품에 대한 고객 정보(출하 목록과 제조 일자, 고객 입고 일자, 고객 생산 투입 일자, 문제 발견 위치와 일자, 문제 포함 감염 제품 위치와 수량, 필드 출하 여부 등)를 가능한 빠르게 수집하여야 한다.

그리고, D6 유효성 검증이 끝나면 즉시 최종 RMA 대상을 정리한 후 합의된 절차를 바탕으로 고객과 RMA관련 의사소통을 하여야 한다. 장기간 문제가 지속되는 경우가 아니라면 부분적으로 RMA를 처리하기보다는 해당 문제 원인과 대책이 모두 종결되고 감염 제품을 모두 파악한 다음 일괄적으로 RMA를 처리하는 편이 낫다.

이때 8D 팀 리더는 RMA 처리에 있어서 귀책에 대한 중요한 의사결정 역할을 한다. 원인이 분명하고 귀책이 명확하면 큰 문제가 없으나 원인이 복합적이어서 고객-조직-공급자 간에 귀책이 나뉘는 경우는 D4 근본 원인 분석 과정에서 RMA 책임 소재를 염두에 두고 인과 관계를 밝혀 나갈 필요가 있다.

　RMA승인은 고객이 반품 및 보상 요청하는 건에 대해 제조사인 조직이 '그렇게 해주겠다' 승인하는 기술적인 증거이다. 따라서, RMA에 대한 요청과 승인이 원만하게 끝나야 8D가 완료된다고 볼 수 있다. 그래서, 팀 리더 또는 팀원 중의 담당 책임자는 D7 단계에서 RMA를 처리하는 스킬이 있어야 한다. 문제 발생으로 인해 고객 관계가 어떻게 변할지, RMA 처리 결과가 향후 사업 진행에 어떤 영향을 미칠지 고려하지 않을 수 없기 때문이다.

　부연 설명하자면, RMA 절차는 사업 계약 검토 단계에서 고객과 상호 합리적인 의사 소통을 통해 미리 결정을 이끌어내는 것이 중요하다. 우선 계약 성사에만 목이 메어 고객 불만 처리나 RMA 처리 절차를 제대로 검토하지 않게 되면 어떻게 될까? 나중에 문제가 발생했을 경우 그 크기와 발생 위치에 따라 공급자 입장에서는 불합리한, 얼굴을 붉히며 과도한 피해 보상 비용을 지불해야 할 수도 있다.

D8 단계(포상 및 팀 해산)
관리 기법과 도구

8D 마스터 목록(Master List)

  바둑을 다 두고 나면 대국자들이 바둑을 복기하는 과정이 있다. 그 과정에서 어떤 수가 신의 한 수였는지 실패 수였는지를 다시 짚어보며 반성하는 공부 방법이다. 특히 승부에서 진 경우 원인을 분석하고 같은 실수를 반복하지 않게 성찰을 통해 교훈을 얻고자 하는 과정이다.

  8D 또한 그렇다. D0 증상 파악에서부터 D7 재발 방지 단계에 이르기까지 문제를 해결하는 과정에서 잘한 점(Good Point)과 잘못한 점(Bad Point)을 시간 순으로 이력을 짚어 정리할 필요가 있다. 그 정리 도구를 8D 마스터 목록으로 표현하였는데, 이는 문제 발생에서부터 종결까지 8D 팀에서 실행한 조치 항목들(Action items)을 시간 순서로

나열한 후 검토하는 것이다.

반성의 관점은 조치 항목들이 단계별 목표 시간(TAT) 내에 실행되었는지, 조치 내용들은 대책으로 적절하고 유효했는지, 잘못된 방향으로 진행되어 시간을 허비하지 않았는지, 시행 착오의 결과가 다른 나쁜 영향을 유발하지는 않았는지 등을 검토하는 것이다.

이러한 검토는 문제 정의, 임시조치, 원인 분석, 대책 수립 및 유효성 검증 단계에서 실시한 모든 조치 항목들을 시간 순으로 빠짐없이 정리함으로써 어느 단계에서 어떤 조치가 잘못되었는지를 파악할 수 있다.

따라서, 팀 리더는 문제를 종결하는 회의에서 8D 마스터 목록을 통해 팀원들과 문제 해결 과정에 대해 검토하고 해당된다면, 반성과 개선의 기회를 가지는 것이 필요하다. 그래야 다음 문제 발생 시 실패를 두 번 다시 반복하지 않거나 시행 착오를 최소화할 수 있다.

D8 단계에 가서야 이를 복기하려고 하면 그 자체가 별도의 일이 되므로 기록원이나 팀원 중 한사람이 각 단계 완료 때마다 이력을 정리해 나가는 편이 좋다.

제안 제도

8D 문제 해결 완료 후 팀장과 팀원의 기여도 평가는 팀 리더가 기안하고, 각 기능 책임자가 검토한 후 챔피언이 승인하는 편이

좋다. 반드시 기여도를 평가해야 하는 것은 아니고 해당 시에 팀 리더나 챔피언의 판단에 따라 실시할 수 있다.

기여도 평가 및 포상 체계가 제대로 작동하기 위해서는 팀 리더, 챔피언 더 나아가서는 최고 경영자의 '기여도 평가 및 포상 필요성'에 대한 인식이 중요하다. 당연히 해야 하는 직무로 인식하고 있다면 기여도 평가와 포상 체계에 대해 다소 부정적일 수 있다.

특히 문제가 빈번하게 발생하고, 팀원 구성이 제한된 조직은 그러한 평가 자체가 의미 없거나 낭비적인 행위로 받아들여질 수 있다. 인사 평가 시스템이 그러한 기여도 평가를 대체할 수 있다고 믿는 이유도 있다. 틀렸다고 볼 수는 없지만 D8 단계의 본질적인 의미를 생각한다면 기여도 평가는 동기부여의 일환으로 문제 해결에 직접적인 시너지를 내게 할 수 있다. 문제의 크기가 클수록 그 효과는 크다.

문제 종결 후 8D 마스터 목록을 세밀히 들여다보면 어떤 조치가 누구의 머리에서 나왔는지, 업무 프로세스 상에서 나올 수 있는 일반적인 조치인지, 창의적인 아이디어인지를 알 수 있다. 적은 시간으로도 금방 파악할 수 있는 누군가의 기여도를 그냥 외면하고 지나가서는 안 된다는 뜻이다.

알려진 절차나 분석 방법에 의하지 않고 누군가의 번뜩이는 아이디어로 현상 파악, 원인 분석 및 대책 수립에 결정적인 역할을 했다고 가정하자. 문제를 잘 해결하였을 뿐만 아니라 문제 해결 과정에서 오히려 고객의 신뢰를 더 쌓는 전화위복의 계기가 되었는데도 당연한 일로 생각하고 그냥 넘어갈 수 있을까?

인사 평가 시스템과 다른 무언가를 새로 만들 필요는 없다. 이미 나와있는 발명과 제안 제도의 평가와 포상 기준만 적용해도 D8 단계의 기여도 평가는 가능한 일이다. 즉 8D 종료 시 문제 해결 성과나 제안 성과나 모두 품질과 기술 개선 관점에서 동기부여가 되는 일이기 때문에 같은 맥락에서 운영할 수 있는 기법이다.

기여도 평가가 이루어지는 것이 먼저이고, 포상은 물질적 금전적인 포상만을 의미하는 것은 아니다. 경영자에 의한 팀과 개인 실적에 대한 공개적인 칭찬과 격려도 문제 해결 역량을 강화하는 데 큰 힘이 된다. 그 힘이 구성원들의 내면에 쌓이면 문제 해결 시 기대 이상의 집단적인 역량을 발휘할 수 있다.

8D 완료 보고서

8D 보고서는 8D 프로세스의 출력물이다. 문제 해결이 종료되고 나면 D0에서부터 D8까지의 내용을 최종적으로 8D 보고서로 정리하게 된다.

8D 보고서의 실질적인 내용은 D7 단계에서 완성이 되지만 D8 단계에서 수행해야 하는 과정이 남아있다. 내부적인 8D 보고서의 검토와 승인이다. 고객 문제 발생의 경우는 고객이 최종 검토하고 수락 여부를 결정하기도 한다.

팀원, 팀리더, 챔피언(내부 승인권자)의 서명이 이루어진 8D 보고서를 고객이 원하는 이유는 무엇일까? 문제의 인과 관계가 정확하고 대책이 유효한지를 보고 문제가 재발하지 않을 것이라는 보장을 조직의 책임자가 하라는 의미가 내포되어 있다.

어떤 고객은 문제 크기와 중요도에 따라 최고 경영자의 서명을 요구하기도 한다. 그것도 전자 서명이 아닌 친필 서명을 요구한다. 최고 경영자가 이 문제에 대해 어느 정도 이해하고 있는지, 어떤 대책은 최고 경영자 차원에서 지원이 필요해 보이는데 실제 가능한 대책인지를 최고 경영자에게 고객이 질문을 던지는 효과가 있다.

최고 경영자가 서명을 했음에도 대책이 효과가 없거나 동일한 또는 유사한 문제가 재발한다면 고객은 최고 경영자에게 책임을 물어 직접 해명과 대책을 요구할 수도 있다. 따라서, 문제의 심각성과 책임 범위에 따라 8D 보고서의 최고 의사 결정권자가 최고 경영자가 될 수 있음을 인식하고 있어야 한다.

경영 검토 보고서

경영 검토는 최고 경영자가 주관하는 회의에서 주요 경영 성과 지표와 경영 현안에 대해 주기적으로 검토하는 것을 말한다.

경영 검토는 품질 경영 시스템 요구 사항 중의 하나로 경영에 있어 매우 핵심적인 관리 프로세스이다. 그러면 경영 검토 프로세스의 출력물인 경영 검토 보고서와 8D 보고서는 어떤 관계가 있을까?

8D 보고서는 개별 문제에 대한 해결 과정과 결과를 정리한 보고서지만 경영자의 지원이 필요한 사항이 있다면 이를 경영 검토에 상정하여 논의하여야 한다. 이때 경영자가 적극적으로 고려해야 할 점은 문제의 근본 해결을 위해 경영자가 지원해야 할 사항이 무엇인지 진지하게 검토하는 것이다. 이유는 3X 5Why를 전개해보면 알겠지만, 근본 원인의 대책이 경영자의 지원 없이는 해결하기 어려운, 투자 또는 시스템 개선으로 귀결되는 경우가 많기 때문이다.

따라서, 8D 보고서의 근본 대책을 마지막까지 견고하게 지지하는 것이 경영검토 보고서이다. 기술적인 문제는 관리적인 문제와 서로 통하고, 관리적인 문제는 시스템적 문제와 결부되기 때문에 8D의 근본 원인 대책은 상당 부분 경영검토에서 다루어질 필요가 있다.

8D는 단순히 8D 보고서 작성으로만 끝나서는 안 되며, 해당되는 경우 근본 대책에 대한 경영자 지원이 얼마나 실질적이고 효과적인지는 경영검토 보고서를 통해 확인할 수도 있다.

8D보고서를 보면 조직의 문제 해결 능력과 기술 역량을 가늠할 수 있고, 경영 검토 보고서를 보면 경영자의 문제를 바라보는 시각과 총체적인 경영 역량을 가늠할 수 있다.

Chapter 4

8D 보고서 작성 가이드와 10원칙

생각과 글은 차이가 있다. 생각(아이디어)이 훌륭한 것도 중요하지만 생각을 글로 표현할 수 있는 것은 더욱 중요하다. 객관적으로 증명할 수 있는 수단이기 때문이다. 문제를 해결했으니 더 이상 재발하지 않는다를 증명하는 것은 결국 말이 아니라 8D 보고서이다.

8D 보고서 양식

8D 보고서 양식

    엔지니어들은 문제를 해결하는 것보다 그 과정과 결과를 보고서로 작성하는 것을 더 어려워하기도 한다. 보고서를 작성하지 않을 수는 없고, 보고서를 작성하려다 보면 글쓰기 능력이 부족하여 오랜 시간을 끙끙 앓을 수도 있다. '문제를 해결했으면 되었지 굳이 어려운 보고서를 작성해야 하나?' 또는 '매일 같이 문제가 터지는데 일일이 보고서 쓰는 시간은 낭비 아닌가?' 생각하기도 한다. 이해가 되지 않는 것은 아니다. 하지만 문제를 해결하였다는 증명과 재발 방지를 위한 교훈 관점에서 보면 그러한 생각들은 다소 위험하다.

    조직마다 문제를 기록하고 그 해결을 증명하는 방식의 차이는 있겠지만 어떤 형태로든 문제 해결 보고서는 작성하여야 한다. 엔지니어와 관리자들이 불필요하다고 생각하거나 단순 페이퍼 워크(서류 작업)로 평가절하하는 분위기가 조직 전반에 깔려 있다면 바람직한 방향으로 문제 해결 프로세스를 정립하기 어렵다.

이런 저런 이유로 보고서 작성을 주저하거나 어려워하는 상황을 극복하는 방법 중의 하나는 보고서 양식을 정하여 통일되게 사용하는 것이다. 최소한의 틀을 정하고 그 안에서 문제 해결 유형의 다양성을 표현할 수 있다면 어느 정도 보고서 작성의 어려움을 극복할 수 있다.

8D 보고서 강의 중 점심시간에 담당 팀장으로부터 '엔지니어들이 8D 보고서 작성을 어려워한다'는 얘기를 들었다. 8D 보고서 양식이 현실과 잘 맞지 않는다는 게 주된 이유였다. 단순한 문제이고 원인도 명확해서 그리 쓸 내용도 없는데 8단계로 길게 늘여서 쓰야 하니 '불필요한 단계도 있고 양식이 너무 무겁지 않느냐'란 취지였다.

결론적으로, 8D 보고서 양식은 8D를 사용하는 조직마다 조금씩 다르다. 주로 고객이 요구하는 양식을 사용하지만 양식에 대한 고객의 요구사항이 없으면 8D 전개를 기본틀로 조직이 자체적으로 결정한 양식을 사용할 수 있다.

문제 해결의 8단계가 명확한데 양식이란 게 별다른 차이점이 있을까 싶지만 꼭 그렇지는 않다. 다루고자 하는 문제 유형, 보고서 용도, 누가 읽느냐 및 TAT라는 지표 관리 여부 등에 따라 크다면 큰 차이가 있을 수 있다.

8D의 각 단계가 연결만 되면 큰 틀에서 자유롭게 작성할 수 있는 양식이 있고, 조직의 의도에 맞게 각 단계마다 세부적인 틀을 설정

하여 작성하는 양식도 있다. 어떤 경우든 정해서 일관되게 사용하는 것이 우선 필요하다. 그 다음은 사용하면서 문제의 다양성을 포함할 수 있는 더 나은 양식으로 발전시켜 나가는 것이다. 그런 시도와 노력 없이는 조직에 적합한 8D 보고서 양식이 나올 수 없고, 보고서를 작성하는 사람들의 불만 내지는 보고서 무용론을 잠재울 수 없다.

보고서 작성을 단순 페이퍼 워크 관점으로 바라보는 조직들을 보면 대체로 비슷한 경향을 가진다. 8D 보고서 작성을 내외부 모든 문제를 대상으로 하기보다는 오로지 고객에서 발생하는 문제만을 대상으로 한다. 그 조차도 고객이 요청하지 않으면 작성하지 않는 경우가 많다.

일반적인 조직의 모습은 대부분 보고서 양식을 내부 문제와 고객 문제로 나누어 사용한다. 내부용으로 간단히 작성하거나 각 부서의 특성에 맞게 작성하는 양식이 따로 있고, 고객 향으로 맞춤 전환하여 작성하는 8D 보고서 양식이 있다. 특별히 문제 있다고 볼 수는 없다. 다만 내부용으로 작성하는 보고서 양식이 8D의 문제 해결 방법론을 충분히 담아내지 못하고 간략하게 축소만 하여 사용한다면 어떤 우려점이 있을까? 보고서를 작성하는 사람, 즉 문제를 풀어나가는 사람의 문제 해결 관점을 축소시켜 장기적으로 조직의 문제 해결 능력을 저해하는 요소로 작용하지는 않을까?

8D라는 도구를 충분히 이해하고 자유자재로 사용할 수 있는 사람이 8D를 단축하여 사용하는 것은 큰 우려점이 없을 것이다. 그렇지만

초급 엔지니어나 담당자가 축소된 양식으로만 보고서를 작성하는 데 익숙해져 있다면 조직은 어떤 고민을 해야 할까? 최대한의 깊이와 넓이를 확보하여야 뿌리깊은 나무가 되고 고층빌딩이 되듯 인적 자원의 문제 해결 능력도 8D의 깊은 곳까지 이해하여야 발전할 수 있다. 즉, 단축된 보고서 양식에 길들여져 있는 조직 구성원의 문제 해결 역량은 성장에 제한이 있게 된다.

사용 목적과 범위에 따른 8D 보고서의 차이점을 살펴보면 다음과 같이 몇 가지 유형으로 나눌 수 있다. 그 유형에 대한 해석과 적용 양식은 조직마다 견해가 다를 수 있기 때문에 본 4장에서는 양식(Form)을 특정하여 예시로 들지는 않았다. 정답을 찾거나 단정적으로 이것이 맞다고 할 수 있는 일이 아니기 때문이다. 아무리 누군가가 이것이 좋다고 해도 사용하는 사람이 아니면 아닌 것이 된다.

따라서, 다양성의 관점에서 8D 보고서의 양식을 조직에서 검토하고 정할 수 있기를 바란다. 어차피 큰 테두리는 정해져 있기 때문에 디테일을 위해 이렇게 저렇게 시간 들여 고민할 필요는 없다. 어떤 양식이든 정하는 일이 우선이고 정했으면 꾸준히 사용하는 것이 중요하다. 사용해봐야 문제점도 알고 개선을 해나갈 수 있다. 유형에 따른 양식의 완전한 보급을 위해서는 조직 내 인식을 위한 의사소통 노력이 필수적이다.

유형1_ 모든 문제 해결에 적용

이 유형의 특징은, 기술적인 문제든 관리적인 문제든 조직 내 모든 문제 해결에 사용 가능하다는 점이다. 어떤 부서에서 어떤 문제 유형이라도 하나의 통일된 양식을 사용할 수 있다는 것이 최대 장점이다. 개발의 문제, 양산의 문제, 고객의 불만, 심사 부적합 및 경영관리의 문제 등 조직에서 발생한 모든 문제를 해결하는 방법론으로 8D 하나를 전사적으로 사용할 수 있다.

그렇게 사용하기 위해서는 8D 보고서 안에 맨 먼저 사용 분야 또는 문제 유형을 분류하도록 설정하는 것이 필요하다. 모든 유형을 만족하는 8D 보고서 양식은 8D 단계별로 자유로운 전개가 가능하다. 즉, 단계별로 세부적인 틀 없이 8D라는 큰 테두리 안에서 자유롭게 뛰어놀 수 있는 넓은 운동장을 제공할 것이다.

현실적으로 문제 해결을 위해 8D 보고서 하나만을 고집하는 게 다양성 측면에서 부족하다고 느끼는 조직도 있다. 그렇지만 큰 테두리에서 문제 해결 방법론이 일치하기 때문에 한 번 시도해보거나 적극적으로 활용해볼 필요가 있다. 어떤 문제 유형이든 8D 형식으로 다 풀어낼 수 있다고 믿으면, 조직은 8D 보고서 한 가지 양식을 통해 문제 해결 프로세스에 대한 구성원의 의식을 대폭 개선할 수 있다.

그 결과로, 문제 해결 차원을 넘어 문제 예방의 선순환 구조를 함께 이루면서 문제 해결 프로세스를 통일된 방향으로 크게 단순화시킬 수 있다.

이는 프로세스 혁신 차원에서도 검토해볼 만한 일이다. 혁신의 다른 표현은 통합이고, 통합의 다른 표현은 프로세스를 간결하게 하는 것이다. 프로세스를 간결하게 하기 위해서는 방법론(Methodology)을 통일시키는 것이 중요하다. 8D는 품질, 환경, 안전보건 등 다양한 분야의 문제 발생 시에 통합하여 사용할 수 있는 도구이자 방법론이다. 문제 유형이 다르다고 양식을 각각 다르게 사용하는 것은 사용 부서, 사용하는 사람 각자가 양식을 결정하기 때문이다. 통제 없이 그렇게 사용하다 보니 비슷비슷한 보고서 양식들이 조직에 넘쳐 나는 것이다.

조직은 모든 문제의 시정, 시정조치, 문제 해결 및 개선을 위한 목적으로 8D 보고서 하나만을 사용할 수 있다. 양식이 많다는 것은 일의 방식이 그만큼 분산되어 있다는 것이고 이의 통합이 일의 시너지를 촉진시킬 수 있는 방법이다.

유형2_ 복잡하거나 고객 문제 해결에 적용

문제가 복잡하다는 것은 발생한 문제의 감염 범위가 넓고 그로 인한 피해 즉, 고객까지 영향을 미칠 수 있는 심각한 상황을 의미한다. 복잡한 문제가 내부에서 발생할 수도 있고 고객에서 문제가 발생할 수도 있다. 어떤 경우든 복잡한 문제를 풀어내기 위해서는 다양한 도구를 사용하여 데이터를 분석하여야 하므로 8D 단계별로 많은 내용을 깊이 다룰 수 있는 세분화된 양식이 필요하다.

이의 틀은 최대한 D1 단계에서 D8 단계까지 명확하게 문제 해결 과정을 전개할 수 있도록 구성되어야 한다. 고객이 정한 틀이든 조직 내부에서 정한 틀이든 8D의 전개 과정에서 필요한 구성 항목들을 건너뛰거나 놓치지 않아야 한다는 뜻이다. 산 정상을 오를 때 선택한 길의 이정표대로 가야 하는 등산로와 비슷하다.

복잡한 문제를 다루는 만큼 주의해야 할 점은, 보고서 상에 순차적이라 하더라도 많은 데이터나 사진을 단순 나열하는 식으로 전개하는 방법은 바람직하지 않다. 고장과 원인의 메커니즘을 이해하고 원인에 대한 대책이 과연 올바른지를 이해하는 데 있어 논리의 중심이 무너지거나 앞 뒤 흐름이 맞지 않는 전개가 일어나서는 안 된다. 그런 문제를 방지하기 위해 8D 라는 흐름 안에 세부적인 장치를 마련하는 것이다.

이 유형의 또 다른 관리 포인트는 8D 구간별 TAT이다. TAT에 대한 고객 요구 사항이 있다면 TAT 목표(Target) 일자를 넣어 관리해야 한다. 주요 단계별 그리고, 최종 목표 일자를 만족하지 못할 경우 이의 원인을 분석하여 기술할 필요가 있다.

복잡한 문제일수록 고객이 중요하게 생각하는 것은 '과연 근본 원인에 대한 분석이 제대로 이루어졌느냐' 하는 것이다. 그래서 고객은 D2 문제 정의 단계에서 5W2H와 D4 근본 원인 분석 단계에서 3X 5Why를 양식에 넣기를 요구하기도 한다.

고객 문제의 경우, 8D 보고서의 마지막 단계에 최종 승인자가 누구인지 필히 체크하여 8D 보고서의 종결점을 명확하게 할 필요가 있다. 유형1이 전사적으로 모든 문제에 대해 사용할 수 있는 양식이라면 유형2는 내외부적으로 대형 사고 발생 시에 적용할 수 있는 심화형으로 볼 수 있다.

유형3_ 기술적 문제를 FMEA와 연계할 때 적용

8D는 문제 해결의 구조적인 방법론이고, FMEA는 잠재적인 문제(기술적인 고장)를 미리 발굴하여 예방하는 방법론이다. 이 두 가지 방법론의 전개 과정을 보면 공통적으로 연결되는 단계들이 있다.

8D에서의 문제 정의, 근본 원인, 대책 수립에 해당하는 단계는 FMEA에서의 원인 분석-현재(As-Is) 분석-대책(To-Be) 수립 단계와 연결된다. 연결의 의미는 FMEA에서 고장 예방을 위해 수립했던 관리 방법이 8D의 결과로서 얻게 된 새로운 고장 관리 방법으로 바뀌거나 새로 추가된다는 뜻이다. 문제 예방 활동 때 몰랐던 고장 항목을 새로 등록할 수도 있고, 원인이 달라서 새로운 관리 방법으로 변경할 수도 있다. 그러한 연결을 D7 단계에서 수행하여야 한다.

이러한 8D의 결과가 관리 계획서와 FMEA로 자연스럽게 이어지도록 하기 위해 'FMEA를 고려한' 8D 보고서 양식이 필요할 수도 있다. 그렇게 하는 이유는, 8D 보고서에 작성된 내용(원인과 대책)이 FMEA로 연결되는 과정에서 내용이 누락되거나 왜곡이 되는 문제를 방지하기 위해서다.

8D와 FMEA는 연계성이 중요하기 때문에 8D의 문제 원인과 개선 대책이 FMEA로 등록될 때 반드시 내용이 일치해야 하고 용어까지도 일치시키는 것이 바람직하다.

유형4_ 단순 명확한 문제 해결에 적용(One Page 보고서)

문제가 단순하다는 것은 발생한 문제가 단편적이고 감염의 정도가 작아 고객에 거의 영향을 미치지 않는 경미한 문제를 의미한다. 이상 원인에 의한 문제보다는 우연 원인에 의한 문제에 가깝다.

명확하다는 것은 발생 원인이 직접적이고 분명하여 다른 원인, 즉 복합적 양식이거나 교호작용이 있을 만한 원인이 없다는 것을 의미한다. 이러한 유형의 문제들은 8D 보고서를 D1 단계에서 D8 단계까지 길게 끌고 가면서 작성하기 매우 부담스러울 수 있다. 그래서 실무 엔지니어들이 푸념 섞어 하는 말이 '쓸 것도 별로 없는데 8D 보고서를 꼭 작성해야 하나?'이다.

고객이 정한 틀이 있다면 이를 바탕으로 하되 조직 내부적으로 필요하다면 문제 해결 단계를 8D에서 4D 또는 5D로 단축하여 사용하는 것도 좋다. 즉 '문제 정의(D2)-임시조치(D3)-원인 분석(D4)-대책 수립(D5)-유효성 검증(D6)'의 5 단계로 보고서 틀을 구성할 수 있다. 재발 방지(D7)를 위한 문서의 표준화는 D5 또는 D6에 통합하고, 팀 구성(D1)이 필요 없으니 팀 해산 및 완료 보고(D8)의 단계도 생략할 수 있다. 더 단축할 수 있다면 '문제 정의(D2)-원인(D4)-대책

(D3&D5)-유효성 검증(D6&D7)'의 4단계로도 축소할 수도 있다.

이러한 4D 또는 5D 보고서는 우연 원인에 의한 문제 또는 이상 원인에 의한 문제라 하더라도 원인이 단순하고 명확한 문제에 대해 간략하게 원 페이지(One Page) 보고서 형식으로 작성하는 것이 매우 필요하다.

원 페이지 보고서는 매일 발생하는 공정 또는 출하 불량을 분석해야 할 때와 긴급 사안에 대해 즉시 현황 보고가 필요할 때 사용하면 유용하다. 큰 문제 발생 시에도 어차피 요약이 필요하기 때문에 핵심 내용에 대해 원 페이지 보고서로 정리하는 스킬은 매우 중요하다. 많은 데이터를 나열하지 말고 원 페이지로 내용을 결론적으로 요약하고 관련 증거 데이터는 첨부로 돌려 필요한 경우에만 넘겨보도록 하면 경영진의 보고 방식으로도 손색없다.

엔지니어들이 작성하는 보고서를 경영진 보고를 위해 팀장이 각색하고 또 본부장이 각색하여 최고 경영진까지 올라가는 방식은 매우 낭비적인 보고서 작성 방식이다. 하나의 문제에 최소한 세 번이나 형식만 바꾸어 보고서를 작성해야 한다면 그 세 번을 누가 작성해야 할까? 담당 실무자가 양식을 바꾸어 같은 일을 세 번 작성하고 있지는 않을까?

엔지니어가 최초 작성한 보고서가 경영진이든 고객이든 그대로 사용될 수 있는 틀을 갖추는 것도 어쩌면 문제 해결 프로세스 혁신에 포함된다고 할 수 있다.

앞서 언급하였지만 이러한 원 페이지 보고서는 사전에 8D를 충분히 이해하고 관련 도구를 자유자재로 사용할 수 있는 사람들이 사용하여야 한다. 그러한 훈련과정을 거치지 않은 사람들이 단축된 보고서 양식을 사용하게 되면 앞서 언급한 우려 사항이 발생한다.

원 페이지 보고서는 고객 입고 검사에서 비 주기적이지만 빈도 수가 높게 발생하는 우연 원인 불량들에 대해서도 사용할 수 있다. 고객과 합의가 되면 축소된 5D 보고서 양식 또는 원 페이지 양식을 정하여 사용할 수 있다. 단순 명확한 문제임에도 8D형식을 꼭 사용하여야 한다는 생각은 효율성을 추구하고 불합리를 싫어하는 엔지니어들에게는 몸에 맞지 않는 옷처럼 느껴질 수 있다.

따라서, 사업 계약 검토 시 고객과 어떤 단계의 불량 유형(단순하고 알고 있는 불량)에 대해선 원페이지 보고서를 사용하는 것을 미리 논의하고 합의하는 것이 의외로 필요하다.

유형5_ 시정 조치 요구서의 기능 필요 시 적용

8D 보고서는 조직 내부적으로 시정조치 요구서의 기능으로도 사용할 수 있다. 문제가 발생한 곳의 담당 부서는 문제 현상을 기록하여 주관 부서에 의뢰하고, 주관 부서는 문제를 해결하기 위해 팀을 구성하거나 해당 문제의 책임 부서에 시정 및 시정 조치를 요구할 수 있다. 이의 장점은 발생에서부터 해결 완료까지 문제 해결 프로세스의 단계별 책임과 그 활동 과정을 하나의 출력물로 모두 관리할 수 있다는

것이다.

의뢰부서는 문제 발생 시 현상 파악한 내용을 D2에 기록하고 주관 부서를 통해 문제 해결 책임 부서에 이의 시정 및 시정 조치를 요구한다. 이때 주관 부서는 두 가지 유형이 있다. 하나는 품질 부서가 기술 담당 및 관련 부서들을 불러 모아 팀을 구성한 후 문제 해결을 주도해 나가는 것이다. 다른 하나는, 문제 원인을 제공하거나 해결의 책임이 있는 부서가 직접 D3 ~ D8까지를 주도하여 완료하는 것이다.

전자는 품질의 리더십이 강한 조직에서 평상 시 품질 개선 팀을 운영하고 있거나 품질 보증 책임이 있는 조직에서 고객 불만 등 문제를 직접 주관하여 해결하는 경우이다. 후자는 실질적인 문제 해결은 개발이나 기술 부서가 하고, 필요 시(예를 들면, 대외적인 품질 보증 차원에서) 문서적인 평가와 최종 승인은 품질 부서가 수행하는 경우이다.

제조 과정에서 발생하는 공정 불량의 개선은 별도로 시정조치 요구서를 발행할 필요는 없다. 시정조치 요구서 없이 지속적 개선 관점에서 적절한 주기를 가지고 품질 개선 또는 수율 개선 회의를 통해 다루면 된다. 따라서, 시정 조치를 요구해야 하는 상황과 그렇지 않는 상황을 구분할 필요가 있다. 이를 구분하지 않게 되면 눈에 잘 드러나지는 않지만 일의 낭비를 초래할 수 있다.

시정조치 요구서를 발행했는데도 그 중요성이 무시되고 원인과 대책이 주어진 기한 내에 유효하게 업데이트 되지 않는다면 무슨 문제일까? 요구 부서의 말을 무시하고 있거나 당장 답이 없는 루틴(Routine)한 문제여서 뚜렷한 대책이 없을 가능성이 크다.

  돌아오지 않는, 그래서 권위를 상실한 시정조치 요구서가 되지 않기 위해서는 시정조치 요구서를 언제 어떠한 경우에 발행해야 하는지 세부적인 정의가 필요하다.

8D 보고서
작성 가이드

8D 보고서도 기술 보고서의 유형에 속하는 만큼 기본적인 보고서 작성 스킬을 이해하고 갖추는 것이 필요하다.

보고서 작성 전 결정해야 하는 중요한 요소는 글꼴, 타이틀과 본문의 글자 사이즈, 내용 전개 시 순서와 단락을 구분하는 숫자(또는 기호), 페이지 여백과 단락의 크기이다. 이들은 각 페이지마다 일관되게 통일성 있게 적용되어야 한다.

  그 다음은 의도하는 것을 정확하게 전달하기 위한 문장의 표현 방식이다. 이해하기 쉽게 단문 또는 중문을 사용하고 복문은 피하는 것이 좋다. 가급적 테이블 방식이나 도식적으로 표현하여 한눈에 파악할 수 있게 하고, 필요한 부분만 해석을 달 수 있도록 한다.

  8D의 각 단계마다 작성자의 결론이 주어지고, 최종 D8 단계에서는 최종 결론이 도출되도록 작성하여야 한다. 데이터를 나열만 하고 해석이 없거나 대책은 들어 갔는데 결론이 도출되지 않는다면 보고서를 읽는 사람이 문제 해결에 대한 확신을 가지지 못할 수가 있다.

커버 페이지(Cover Page)

8D 보고서의 커버 페이지는 통일시키는 것이 바람직하다. 조직의 문제 해결 보고서로 대표할 수 있다면 커버 페이지를 아무렇게 작성하도록 내버려둬서는 안 된다. 첫 인상이 읽는 사람에게 체계적이지 않다, 추적 관리 시스템이 없다는 인상을 줄 수가 있다. 또한 작성하는 사람으로 하여금 어떻게 커버 페이지를 작성할까 매번 고민하게 해서는 안 된다.

커버 페이지의 정형화된 패턴으로 들어가야 할 주요 항목은, 문서 관리 번호, 문서 제목, 8D의 단계, 작성 일자, 작성 부서, 결재란(작성, 검토와 승인) 및 총 페이지 수 등이다. 이러한 항목의 여부만 보아도 8D 보고서의 수준과 신뢰도를 판단할 수 있다.

<커버 페이지 예>

ID	항목	내용
1	관리번호	문서 추적 관리 시스템 및 번호 부여 체계
2	제목	문제에 대한 분류(Naming Rule) 체계
3	8D의 단계	8D 보고서의 작성 단계 표시
4	작성일자	작성자가 기안한 날짜(배포 날짜 아님)
5	작성부서	문제 해결 주관 부서
6	결재란	기안, 검토, 승인의 일자와 성명 기재

특히 결재란 없이 작성된 보고서가 있는데 이를 따지는 사람에게는 매우 신뢰할 수 없는 보고서로 비칠 수도 있다. 문제 유형과 사안의 중요도에 따라서는 승인자 난에 대표이사의 서명이 들어가기를 원하는 고객도 있다. 대표이사가 문제를 인식하고 있으며 그 대책이 확실히 맞는지 재발하지 않을 것인지를 대표이사가 보장하라는 의미가 들어있기 때문이다.

표지는 회사 로고가 있는 깔끔한 수준으로 정한다. 표지의 느낌이 화려하거나 짙은 바탕색이나 그림에 표지 내용이 묻히게 하는 것은 시각적으로 바람직하지 않다.

목차

원 페이지 보고서나 4D 또는 5D 보고서 등 보고서 페이지 수가 한 장이거나 3~4장으로 그리 많지 않는 경우는 굳이 목차 페이지를 따로 둘 필요는 없다. 몇 장 넘기면 바로 전개 순서가 파악되기 때문이다. 주로 보고서의 분량이 많아서 보고서 맨 앞 페이지에 보고서의 전체 구성을 파악할 필요가 있을 때, 그리고 관심있는 단계를 바로 찾아갈 수 있도록 하기 위해 목차를 둔다.

8D 전개 순서대로 목차의 순서를 정하고, 정해진 항목의 우측에는 그 항목의 시작 페이지를 표기하는 것이 바람직하다. 읽는 사람 특히, 경영자나 의사 결정자를 고려하여 목차의 맨 앞에는 결론이

포함된 요약 내용을 한두 페이지 두는 것이 매우 중요하다.

<8D 목차의 예>

	목차	
1	개요(요약)	P3
2	D0 증상 및 긴급 대응	P4
3	D1 팀 구성	P5
4	D2 문제 정의	P6
5	D3 임시 조치	P7
6	D4 원인 분석	P8~10
7	D5 영구 대책	P11~12
8	D6 유효성 검증	P13
9	D7 재발 방지	P14
10	D8 결론	P15
11	첨부 1~5	P16~20

<5D 목차의 예>

목차		
1	개요(요약)	P3
2	D1 문제 정의	P4
3	D2 임시 조치	P5
4	D3 원인 분석	P6
5	D4 대책 및 유효성 검증	P7
6	D5 결론	P8
7	첨부 1~4	P9~12

요약(또는 개요)

요약은 D1~D8 단계의 전체를 요점만 정리하는 내용이다. 장황하게 여러 페이지에 걸쳐서 작성하기보다는 한 페이지로 핵심적인 내용만 압축하여 정리하는 스킬이 필요하다.

요약에 대한 내용은 목적, 현상, 원인, 대책, 유효성 검증 및 최종 결론 순으로 구성하면 무난하다.

목적을 적을 때는 8D의 중간 보고(Interim Report) 단계인지 최종 보고(Final Report) 단계인지를 명확히 하여야 한다. 중간 보고 단계라면 읽는 사람의 혼돈을 피하기 위하여 어느 단계인지를 명확하게 기술하고, 그 다음 단계의 보고는 언제 이루어질 것인지 일정을 알려주는 것이 필요하다.

  현상부터 유효성 검증 및 재발 방지 조치까지는 5W2H로 정리하는 것이 일반적이다. 원인, 대책 및 유효성 검증을 하나의 테이블 상자(Table Box)로 묶어 인과 관계를 한 눈에 파악하게 하는 것도 효과적인 정리 방법이다.

  결론 부분은 별도 항목으로 분리하는 것이 좋다. 대책을 결론으로 간주하고, 팀 리더의 주관적인 판단과 해석을 결론에 적는 것을 회피해서는 안 된다. 데이터를 인용할 경우에는 반드시 데이터에 대한 해석과 리스크 여부를 구체적으로 표현하여야 한다.

  결론 부분은 문제가 근본적으로 해결되었는지, 가능 원인이기 때문에 여전히 불확실성이 존재하고 따라서, 재발할 수 있는 성격의 문제인지 언급이 필요하다(대외적인 보고서는 그런 언급이 불필요할 수 있다). 근원적인 해결책인지 대증 요법인지를 명확하게 하지 않을 경우 경영자는 리스크에 대한 위험성 정도에 대해 오판할 수 있다.

  결론 부분은 보고서를 읽었을 때 경영자의 시각에서 정리할 수 있어야 한다. 문제로 인한 최종 손실 비용, 문제 발생 후 납기 및 품질에 대한 고객 만족도의 변화와 교훈 등이 들어가는 것이 필요하다. 특히 경영자의 지원 요청 사항이 있다면 무엇인지 언급하는 것이 좋다. 나중에 가서 이게 안 되어서 저게 안 되어서 재발했다는 핑계가 생겨나서는 안 된다. 또는 '그것은 영업이나 생산 팀에서 할 일이지 기술이나 품질을 맡고 있는 내가 할 일은 아니다'고 책임을 회피해서는 안 된다. 타 부서의 책임이 뒤따라야 하는 사안이라면 해당 부서를 팀 구성에 포함시켜 경영자 시각에서 함께 결론을 도출하여야 한다.

위와 같은 경영자 관점을 배제하고 기술적 원인에 대한 대책만으로 끝나는 보고서는 문제가 해결되었다는 확신을 가지기가 어렵다. 따라서, 결론 부분은 문제를 바라보는 팀원, 팀리더와 챔피언의 판단이 명확하게 들어가야 한다. 이는 최종 종결 여부에 대한 문제 해결 팀 스스로의 완성된 평가이기도 하다.

'결론' 다음의 '비고(Remark)'는 추가 이행 사항에 대해 좀 더 의견을 개진할 필요가 있을 때 특별히 기술하는 부분이다. 결론에서 언급되지 못한 소수 의견, 문제 해결 과정에서 느낀 소감, 문제 해결 특별 공로자에 대한 평가, 경영자 관심 사항에 대한 후속 조치 사항, 대책 적용 후 미진한 부분을 마무리하기 위한 추가 이행 사항 등을 필요할 시에 기록한다.

비고에서 간과하기 쉬운 부분이 있다면 약어 정리이다. 약어 풀이 여부는 보고서를 읽는 사람의 수준에 맞추어야 한다. 경영자나 고객이 읽는다고 생각했을 때 요약 페이지에 들어간 약어만이라도 주석을 달아 뜻을 이해시키는 것이 바람직하다.

잘 정리한 요약 페이지는 최종 읽는 사람이 문제의 전체 개요와 핵심을 쉽게 이해할 수 있도록 도와준다. 보고서 전체를 읽지 않고도 핵심 내용을 파악할 수 있다는 것은 경영자의 시간을 아끼는 비용 절감의 효과도 있다.

<요약의 간단한 예>

1	목적 S고객사 입고 검사 불량에 대한 8D 최종 결과를 보고하고자 함.			
2	문제 개요			
		1)누가	S고객사 QC 담당자	Mr. Robert
		2)언제	2024년 03월 01일(09:30) 발생 접수	출하일: 02/28
		3)어디서	고객 입고 검사 게이트	검사일: 02/29
		4)무엇을	ABCd 제품(Lot No: 12345)	
		5)왜	치수 불량(두께 H4)	Spec: 10± 0.05mm
		6)어떻게	상한 값 0.001초과(1개) 0.002초과(1개)	3차원 측정기
		7)어느만큼	2개(불량률 4%=2/50pcs)	감염 Lot 없음
3	결과(☞ D3~D7)			
		원인	대책	표준화
		1)유출	a. Control Spec 운영(From/To) b. Master Sample 개선(From/To)	관리계획서 (C001. R5) 검사표준서 (T009, R5)
		2)공정	c. 균일도 개선(From/To) d. 자주 검사 방법 변경(From/To)	작업표준서 (W005, R7)
		3)시스템	e. 신제품과 파생제품 개발절차 분리 f. 파생제품 개발 체크리스트 추가	제품 개발 절차서 (COP-03-01, R3)

	결론
4	1)고객 문제 발생에서 완료 보고까지 6일 소요됨(목표: 7일). 2)신제품 ABC의 파생 제품으로 해당 포인트의 치수 불량은 처음 발생함. 3)Lot 치수 불량은 4%이나 월간 평균은 0.1%로 안정 추세임(목표: 0.2%). 4)불량은 재가공을 통해 납품 완료, 추가 감염 및 납기 영향 없음. 5)적극적인 고객 대응으로 본 문제 발생에 의한 고객 불만 해소 판단. 6)대책 적용 후 공정 및 출하 모니터링 예정(QIT 정기 회의 보고 예정).

D1 팀 구성

팀 구성은 문제 해결을 위해 필요한 기능 모두 포함되어야 한다. 필요 시 고객과 공급자가 팀 구성에 포함될 수도 있다. 고객이나 공급자 이름이 들어가는 경우는 문제의 감염 범위가 넓어 고객, 조직, 공급자가 문제 해결에 동참해야 할 때이다. 당연히 팀 구성에 이름을 올리기 전에 동의가 필요하며, 팀 활동을 위한 주기적인 회의체와 역할에 대해 똑같이 명시되어야 한다.

처음 팀 구성 시에는 포함되지 않았지만 분석을 진행하면서 8D 진행 중간에 기능과 멤버가 추가될 수 있다. 예를 들어 공정 문제인 줄 알고 접근했는데 그 해결책이 설계 쪽에서 나와야 한다면 설계 담당 부서가 뒤에 팀 구성에 포함되는 것 등이다.

팀의 구성은 형식적으로 개괄적으로 모호하게 작성하기보다는 구체적으로 그 기능과 역할을 이해할 수 있도록 범위를 기술하여야 한다. 담당자가 100% 참여할 수 없는 경우라면 백업 멤버를 팀원으로 같이 올려서 기능의 누락이나 단절이 발생하지 않도록 해야 한다.

팀 구성원 모두의 연락처(전화 번호 또는 메일 주소)를 기록하는 경우가 있는데, 이는 목적에 따라 다를 수는 있지만 바람직하지는 않다. 문제의 피해자 또는 문제를 보고 받는 사람의 입장에서는 의사 소통 창구와 팀 리더의 연락처만 있으면 된다. 그 연락처 또한 메일 상으로 나타날 뿐 보고서에 담지는 않는다.

<D1 팀 구성의 간단한 예1>

역할	조직/직책	이름	기능
챔피언	품질경영/본부장	김갑순	8D 보고서 최종 승인, 최고 경영회의 보고
팀리더	품질보증/팀장	우수해	총괄 리더, 회의 주관, 시스템 원인 분석 및 재발 방지
팀원	고객기술/파트장	유명해	대고객 창구, 고객 만족도 관리. 데이터 취합 및 8D 보고서 작성

팀원	제품기술/ 파트장	홍길동	유출 원인 분석 및 방지대책, 유효성 검증
	제조기술/ 파트장	이세밀	공정 원인 분석 및 재발 방지 대책. 유효성 검증
	품질보증/ 팀원	나정확	불량 분석 및 결과 보고
	생산관리/ 팀원	오빛나	추적 및 백업/납기 관리
고객	SQA 담당	Robert W	고객 실장 분석 및 피드백, 유효성 검증 및 제품 판정
공급자	품질 총괄	조심성	부품 원인 분석/ 대책 총괄

<D1 팀 구성의 간단한 예2>

역할	조직/직책	이름	기능
챔피언	대표이사	김갑순	8D 보고서 최종 승인
팀리더	품질보증/팀장	우수해	총괄리더, 회의 주관
팀원	생산팀장	홍길동	원인 분석 및 대책 수립, 유효성 검증, 추적 납기 관리
	생산팀원	이세밀	생산 팀장과 동일 업무 지원
	품질보증 팀원	나정확	불량 분석 및 결과 보고

D2 문제 정의

문제는 두 가지 방향에서 정의하여야 한다. 처음 발생 또는 발견했을 때의 현상과 그 현상에 대한 1차적인 확인(Verification) 결과를 가지고 문제 정의를 하여야 한다.

예를 들어, 고객이 입고 검사에서 치수 불량이라고 규정하였다 하더라도 문제가 바로 치수 불량으로 정의되는 것은 아니다. 불량 제품을 접수하여 확인한 결과, 동일한 결과를 얻었을 때 치수 불량으로 정의를 하게 된다.

불량 제품을 접수할 수 없는 경우 고객 정보 또는 간접 증거를 통해 문제를 정의할 수 있다. 중요한 것은 문제 정의가 맞다는 전제하에 후속조치가 이루어져야 한다.

배가 아프다는 현상을 두고 위장에 문제 있다고 정의했는데 나중에 보니 다른 장기의 문제로 드러났다. 문제 정의가 잘못되었기 때문에 D3부터 D6까지 상당한 시간을 허비하여 문제 해결 시기를 놓치고 화를 더 키우는 결과를 초래할 수 있다.

문제 정의는 서술형으로 작성하기보다는 한눈에 문제 상황을 파악할 수 있도록 테이블 방식으로 정리(도식화)하는 것이 필요하다. 특히 현상 파악을 위한 데이터를 D2단계에서 일일이 나열하지 않는 편이 좋다. 가급적 첨부로 연결하여 관심있는 사람만 볼 수 있도록 하여야 한다.

D2의 결론에는, 문제 현상에 대한 검증 결과를 바탕으로 귀책에 대한 부분이 언급되어야 하고, 긴급 상황 여부에 대한 확인과 판단이 들어가야 한다.

<D2 문제 정의의 예 _ 진행 형>

1.고객정보(첨부1-고객CAR#240301)						
발생일	제품 No	Lot No	수량	불량모드	불량내용	Spec(mm)
24.03.01	ABCd	12345	2	치수(T4)	10.051 10.052	10 ± 0.05

2.분석 결과(첨부2-3차원 측정기 데이터)					
접수일	ID	고객IQC (동일기종)	출하성적서 1호기	검증 1호기	결과 2호기	비고
24.03.01	1	10.051	10.050	10.051	10.052	치수 Over
	2	10.052	10.050	10.050	10.052	치수 Over

3.비고
1)불량 분석 결과, 치수 상한 값을 벗어났으며, 이는 고객 정보와 일치함. 2)긴급 대응 상황은 아닌 것으로 고객에 확인하였으며, 임시 조치(D3) 보고서는 3월 3일까지 제출하기로 함.

D3 임시 조치

임시 조치는 현재 상황에서 고객으로 문제가 번지는 것을 차단하거나 더 이상 문제가 지속되지 않도록 하여 고객을 보호하는 데 궁극적인 목적이 있다. 그러기 위해서는 최대한 고객 유출을 막는 데 총력을 기울여야 한다. 단순히 막는 일에만 급급해서는 안 되며 공급 중단이 일어나지 않도록 문제 상황을 세밀히 다루어야 한다.

임시 조치의 첫 번째 고려 사항은 감염 범위를 파악하여 더 이상 진행되지 않도록 막는 일이다. 두 번째는 출하 전 또는 고객 사용 전에 문제를 걸러내는 조건을 찾는 일이다. 세 번째는 문제로 인한 공급 중단 영향을 최소화하기 위한 백업 플랜을 가동하는 것이다.

이 과정에서 감염 제품의 이력 추적, 제품 출하 중지, 고객 반품, 불량 스크린 조건 찾기, 출하 대기 제품 검증, 감염 구간 별 단계적 제품 검증, 모니터링 및 수리 시 재작업 방법 등이 임시 조치로 검토될 수 있다.

<D3 임시 조치의 예 _ 진행 형>

ID	임시 조치	언제	결과	비고
1	반품 제품(2개) 재 검증	03/01	불량(완료)	첨부2
2	출하 대기 제품(2Lot) 재검증	03/02	합격(완료)	첨부3

3	측정 관리 방법 변경 1)Control Spec Limit 적용 2)Control Out은 2회 추가	03/02~	완료	임시적용
4	Master Sample 호환성 검증	예정		협의중
5	미세 연마 전 두께 측정 (미세 연마 전후 변화 측정)	~03/10	진행중	10Lots
6	공정 이력 추적 및 원인 조사	~03/05	진행중	
7	불량 제품 수리(재가공) 검증	~03/05	진행중	불량 2개

D4 원인 분석

근본 원인은 기본적으로 3X 5Why로 접근하여야 한다. 그러나 유출(Escape Point)이 없는 경우는 공정 관점(Occurrence Point)과 시스템 관점(System Point)만 들여다보면 된다. 특별히 시스템 원인을 도출하기 어렵다면 관리적으로 개선할 것은 없는지 찾아보면 좀 더 쉽게 접근할 수 있다.

<5Why 잘못된 전개 예>

D2(문제 정의)
출하 검사자가 육안 검사 도중 고가의 부품을 떨어뜨려 제품이 파손되었다

D4(근본 원인)		
단계	왜	원인
1Why	왜 떨어뜨렸을까?	작업자 실수
2Why	왜 실수했을까?	작업자 부주의
3Why	왜 부주의했을까?	??
4Why		
5Why		

<5Why 올바른 전개 예1>

D2(문제 정의)
출하 검사자가 육안 검사 도중 고가의 부품을 떨어뜨려 제품이 파손되었다

D4(근본 원인)		
단계	왜	원인
1Why	왜 떨어뜨렸을까?	작업자 실수
2Why	왜 실수했을까?	손에서 미끄러졌다
3Why	왜 미끄러졌나?	검사 시 무겁고 취급이 불편했다
4Why	왜 취급이 불편했나?	제품 취급에 대한 표준이 없다
5Why	왜 표준이 없나?	긴급 수주한 신규 제품이다

<5Why 올바른 전개 예2>

D2(문제 정의)
출하 검사자가 육안 검사 도중 고가의 부품을 떨어뜨려 제품이 파손되었다

D4(근본 원인)		
단계	왜	원인
1Why	왜 떨어뜨렸을까?	작업자 실수
2Why	왜 실수했을까?	마음이 조급했다
3Why	왜 조급했나?	검사 대기가 많고, 영업이 출고 독촉
4Why	왜 독촉했나?	지난 금요일 긴급 수주하면서, 월요일 오후 2시까지 납품 약속
5Why	왜 약속이 어려워졌나?	생산은 토/일 특근하였으나, 품질 부서는 긴급 대응 협의 못하여 특근 못함
6Why	왜 협의를 못하였나?	영업사원이 생산 공정 이후 검사와 포장이 병목 구간이 될 것으로 인식하지 못함
7Why	왜 인식을 못하였나?	a)긴급이다 보니 MES 대신 매뉴얼로 진행 b)관리계획서상 QC검사에 대한 이해 부족

D5 영구 대책

근본 대책은 D4에서 파악한 5Why 전개 단계별로 수립하여야 한다. 제시한 원인과 대책이 일관성 있게 맞아 떨어지지 않으면 문제와 원인의 메커니즘, 원인과 대책의 인과 관계를 충분히 증명하기 어렵다. 따라서, 다음과 같은 전개가 의외로 간단하고 쉬운 D5 표현 방법이 될 수가 있다. 앞의 5Why 사례를 그대로 연결하여 대책을 수립하면 다음과 같다.

<D5 잘못된 전개 예>

D5(근본 대책)		
단계	원인	대책
1Why	작업자 실수	작업자 교육
2Why	작업자 부주의	

<D5 올바른 전개 예1>

D5(근본 대책)		
단계	원인	대책
1Why	작업자 실수	1)작업자 교육
2Why	손에서 미끄러졌다	2)검사표준서 개정 (취급 방법 추가)
3Why	검사 시 무겁고 취급 불편	

4Why	제품 취급 표준이 없다	3)검사 관리 절차서 개정 (신규제품 투입 시 검사 표준 운영)
5Why	긴급 수주한 신규 제품	4)변경 관리 프로세스 개정 (긴급 시의 생산 및 검사 관리 추가)

<D5 올바른 전개 예2>

D5(근본 대책)				
단계	원인	대책	누가	언제
1Why	작업자 실수	1)작업자 교육		
2Why	마음이 조급했다	2)작업자 상담		
3Why	검사대기 많고 영업 독촉	3)지정 관계자 외 검사실 출입 통제		
4Why	금요일 긴급수주, 월요일 오후 2시 납품 약속	4)영업 관리 절차서 개정 (긴급 수주 시 생산& 판매 관리 대응 개정)		
5Why	생산 토/일 특근, 품질은 긴급 대응 협의 못함			
6Why	생산 공정 이후 병목 구간에 대한 인식 부재	5)MES 개정 (병목 예측 모듈 추가)		
7Why	a) 긴급 시 매뉴얼 미흡 b) 관리계획서 이해 부족	6)MES 이용 못할 경우 긴급 대응 매뉴얼 구축 7)역량강화프로그램 개정 (관리계획서 교육)		

<D5 전개 양식 예>

ID	유출 원인	대책		누가	언제
		From	To		
1					
2					
3					

ID	공정 원인	대책		누가	언제
		From	To		
1					
2					
3					

ID	시스템 원인	대책		누가	언제
		From	To		
1					
2					
3					

D6 유효성 검증

유효성 검증은 D5에서 부여한 대책 번호(ID)를 그대로 이용하여 전개할 필요가 있다. D5에서 상세하게 기술한 대책의 내용들을 D6에서는 보고서 여백을 고려하여 간략하게 압축하는 방법도 권장된다. 즉 D5에서 정해진 고유의 대책 번호를 D7까지 일관성 있게 추적할 수 있도록 작성할 필요가 있다. 그렇게 해야 보고서를 읽는 동안 인과 관계에 대한 논리를 쉽게 파악하고 관점을 잃지 않고 유지할 수 있다.

<D6 올바른 전개 예 _ 양식>

D6(유효성 검증)						
ID	대책 (To)	누가	언제	결과	근거	
1	작업자 교육					
2	작업자 상담					
3	검사실 출입 통제					
4	영업 관리 절차서 개정					
5	MES 개정 (병목 예측 모듈 추가)					
6	긴급 대응 매뉴얼 구축					
7	역량 강화 프로그램 개정					

<D6 올바른 전개 예 _ 계획 단계>

ID	대책 (To)	누가	언제		
			특성	신뢰성	고객실장
1	공정 개선 적용 (1)		(03/31)	(04/30)	(04/15)
2	공정 개선 적용 (2)		(03/31)	(04/30)	(04/15)
3	공정 개선 적용 (1)&(2)		(04/15)	(05/15)	(05/31)
4	시험 조건 강화		N/A	N/A	(03/15)

<D6 올바른 전개 예 _완료 단계>

ID	대책 (To)	누가	결과		
			수율/특성	신뢰성	고객실장
1	공정 개선 적용(1)		유의차 없음	합격	합격
2	공정 개선 적용(2)		유의차 없음	합격	합격
3	공정 개선 적용(1)&(2)		유의차 없음	합격	합격
4	시험 조건 강화		수율 1% ↓	N/A	합격

<비고>
1) 공정 개선 조건(1)과 (2)는 각각 그리고, 동시 적용 시 개선 효과 있음.
2) 대책4(임시 조치)를 3/15일 적용하고, 대책3(근본 대책)을 4/15일 적용함.

D7 재발 방지

재발 방지 방법은 근본 대책에 대해 표준화를 하는 것이다. 기존에 표준화된 절차가 있으면 내용을 개정하고, 없으면 신규로 제정을 하여야 한다. 처음엔 임시 조치로 시작하였지만 근본 대책으로 최종 유효하게 된 것도 표준화 대상이 된다.

문서가 아닌 자동화 시스템으로 구현된 표준 업무는 해당 자동화 시스템의 프로그램 변경을 통해 자동화 시스템의 제 개정이 가능하다.

재발 방지의 수단으로 실행 기록(증거물)을 보고서에 첨부하는 경우가 있는데 이것만으로는 표준화의 증거가 될 수 없다. 문서화 정보를 보유(실행한 기록을 보유)하는 것은 대책 실행의 결과 즉, 유효성 검증 측면에서 중요한 증거이기는 하다. 그러나 그 자체로 지속적이고 영구적인 재발 방지라고 보기는 어렵다.

D7 재발 방지는 간단 명료하게 작성 가능하다. 유효성 검증이 완료된 대책에 대하여 해당 문서의 제목, 문서 번호, 제 개정 번호, 사유, 적용 일자를 증거로 제시할 수 있다. 이는 근본 대책이 완전히 표준화되었다는 효과적인 근거 제시 방식이다.

주의할 것은 D5~D7에 이르기까지 제 개정된 내용을 상세하게 보고서 상에 노출시킬 필요는 없다. 문제를 확실히 개선하여 더 이상 재발하지 않는다는 신뢰감을 주는 선에서 기술적인 노하우가 빠져나가지 않도록 정보 보안 측면을 고려하여 작성하는 스킬이 필요하다.

비싼 대가를 치르고 얻은 교훈을 불필요한 기술 정보 노출로 손실을 입어서는 안 된다. 그렇다고 거짓 내용으로 꾸미거나 인과 관계를 알 수 없도록 모호하게 작성하고선 기술 보안이어서 상세한 내용은 주기 어렵다고 말하면 고객은 화를 낼 것이다.

읽는 사람이 문제의 메커니즘 또는 원인과 대책의 인과 관계를 이해하는 선에서 대책에 대한 상세 개선 조건들을 가릴 수 있는 스킬이 D5~D7에서 중요하다.

<D7 재발 방지 예1_양식>

ID	대책	문서				적용 일자
		번호	제목	개정#	조항	
3	검사실 출입 통제					
4	영업 관리 절차서					
5	MES 개정 (병목 예측 모듈)					
6	긴급 대응 매뉴얼					
7	역량 강화 프로그램					

☞ ID 1과 2는 표준화 대상이 아니어서 D7에서 제외함.

<D7 재발 방지 예2_양식>

ID	대책	문서				적용 일자
		번호	제목	개정#	조항	
1	공정 개선(1)					
2	공정 개선(2)					
4	시험 조건 강화					
5	관리 계획서 개정					
6	PFMEA 개정					
7	교훈 집 개정					

☞ ID 3은 표준화 대상이 아니어서 D7에서 제외함.

D8 포상 및 팀 해산

D8 단계에서의 정형화된 보고서 작성 틀은 없다. 팀 리더가 8D 보고서를 완료하기 위해 결론적으로 무엇을 어떻게 정리할 것인지를 생각하여 정하면 된다.

조직 자체적으로 틀을 정하여 사용하기도 하지만 고객이 제시하는 양식이 있을 경우 이를 따르는 경우가 대부분이다.

D8 단계에서 고객 등 대외적으로 나가는 보고서는 팀 구성원 모두의 서명, 팀 리더의 검토 서명과 챔피언의 완료 승인 서명이 이루어지기도 한다. 그러나 문제 해결에 참여했던 팀 구성원을 최종 확인하면서 결재 라인을 기안, 팀 리더 검토 및 챔피언 승인으로 간략하게 마무리할 수도 있다.

팀 챔피언의 승인 후 고객이 서명할 자리를 비워 두는 경우도 있는데 고객이 직접 서명하는 일은 잘 없다. 고객은 보고서를 접수하고 제출자는 고객이 보고서에 대한 더 이상의 언급이 없으면 종료된 것으로 보통 간주한다. 그러나 주의할 점은, 고객 제출 후 회신이 없으면 그냥 종료된 것으로 간주해서는 안 된다. RMA 등이 걸린 중요 사안에 대해서는 다시 한번 전화 회의나 메일로 문의하여 종료 여부를 확인하는 것이 좋다.

제출한 보고서에 대해 더 이상 이견이 없는지 확인하는 것이 문제를 깔끔하게 매듭짓는 방법이다. 문제가 종결되었다 판단하고 그 여부를 확인하지 않는 것은 새로운 논쟁의 불씨를 남기는 일이 될 수 있다. 특히 고객 보상 합의와 관련된 문제는 반드시 '보고서 제출 후 확인(Acceptable 또는 Approval)' 하는 과정이 필요하다.

문제 발생에 따른 피해 보상 등 후속 조치를 포함하는 보고서는 이해 당사자 간의 서명이 필요하다. 서명한 사람이 쌍방을 대표하는 사람임을 명확하게 하고 그 사람이 속한 조직의 장이 이를 인지하도록 하여야 한다. 즉 서명한 보고서를 공유할 때 메일 수신이나 참조 등에 각 조직의 경영자가 들어가야 한다. 위의 과정이 모두 마무리되면 팀 리더는 팀 해산을 챔피언에게 보고한다.

D8 단계에서는 기술적이고 창의적인 아이디어로 문제 확산을 조기에 차단하거나 근본 대책을 찾아내어 피해를 줄인 결과에 대해 평가하여야 한다. '이것' 아니었으면 문제 해결이 어렵고 큰 손실을 볼 뻔했다고 생각할 수 있는 기술과 품질 개선 업적에 대한 포상이다. 그 포상 절차와 기준은 공정이나 품질 개선 목적으로 실시하는 동기 부여 제도, 즉 제안 제도와 같은 절차를 따라가면 큰 무리가 없다.

D8 단계에서 또 해야 할 일은 문제 해결 과정을 뒤돌아보고 반성점은 없는지 복기하는 일이다. 이러한 기록은 가치가 있다고 판단되면 별도의 교훈 모음집으로 등록하여 관리할 필요가 있다. D8 완료 후에는 지속적 개선 팀이나 새로운 8D 구성 팀이 이를 활용할 수 있어야 한다.

첨부 페이지

첨부 페이지는 문제 해결 과정(D1~ D8)에서 제시되어야 할 근거 자료와 분석 데이터 등을 모아놓은 페이지이다. 주로 본문에 나오는 핵심적인 내용이나 결론을 백업하는 용도다. 증거에 대한 구체적인 검토를 원하는 사람은 본문의 추적번호(예: 첨부#1)에 해당하는 자료를 첨부 페이지에서 확인할 수 있다.

첨부 페이지를 잘 활용하면 몇 가지 장점이 있다. 읽는 사람 입장에서 핵심 요약만으로도 문제 개요를 쉽게 파악할 수 있다. 또한 요약의 길이가 짧고 선택적으로 첨부 데이터를 볼 수 있으면 읽는 사람의 시간을 줄여주고 올바른 판단을 이끌 수 있다. 본문에 일일이 자료나 데이터를 갖다 붙이지 않기 때문에 보고서 작성 시 편집에 신경 쓸 필요가 없고 시종일관 8D 논리 전개를 명확하게 할 수 있다. 읽는 사람이 보고서의 논리 전개 즉, 인과 관계와 대책에 대해 쉽게 파악할 수 있다.

본문 요약은 사실에 입각하여 최소한의 근거 데이터(불량 사진 등)와 결론 위주로 작성하고, 필요한 근거 자료이지만 원천(Raw) 데이터나 개별 분석 데이터는 첨부로 전환한다.

그러나 모든 자료나 데이터를 첨부로만 돌려서는 되지 않는다. 불량의 대표적인 현상(사진), 조사 자료나 분석 데이터에 있어서 문제와 인과 관계가 있는 직접 증거, 메커니즘에 대한 기본 설명 등 핵심적인 증거는 요약하여 본문에 넣는 것이 바람직하다. 꼭 봐야 할 증거인데 본문에 없어서 본문과 첨부 페이지를 왔다갔다하도록 해서는 안 된다.

첨부에는 보안 수준에 따라 대외적으로 공개되어서는 안 되는 자료도 있으니 첨부 여부를 팀 리더와 고객 기술 책임자가 잘 판단해야 한다.

큰 범위에서 첨부로 전환되는 자료나 데이터 유형은 다음과 같다. 이들은 문제 상황에 따라서 좀 더 복잡할 수도 가감될 수도 있다.

D1 - 팀 상세 조직도, 담당 직무 설명, 백업 인력 소개, 비상 연락망

D2 - 불량 분석 보고서(실장 및 부품 레벨 - 외관, 기능 등)

     공정 및 검사 이력 조사 데이터

     상관 분석 데이터

D3 - 유출 방지 검사 조건 검증 데이터

D4 - 공정 원인 분석 데이터

     불량 메커니즘

D5 - Verification 결과

D6 - Validation 및 신뢰성 평가 결과

D7 - 표준화 근거(해당 개정 내용 캡처)

D8 - RMA 보고서

교훈 목록(Lesson Learn List) 운영

조직은, 문제의 연속 선상에서 조직의 목표를 달성하는 집단이다. 즉 어떤 문제도 없는 조직이란 없다. 다만 조직이 걷는 길이 아슬아슬한 외줄의 연속일 수도 있고, 어떤 무게에도 끄떡없는 튼튼한 다리일 수도 있다.

그 차이는 조직이 문제의 교훈을 어떻게 인식하고 다루느냐에 달려 있다. 사소하든 심각하든 문제가 반복되는 조직은 문제에서 교훈을 얻지 못하는, 당연히 연속성이 위태로운 조직이다.

문제가 발생하면 일단 문제를 해결한 결과 보고서 즉 8D 보고서가 나와야 한다. 교훈의 1차적인 증거물이다. 그 내용(문제 원인과 대책)이 조직이 얻은 교훈이므로 문제 유형별로 핵심 내용만을 분류하여 교훈 목록을 만들어야 한다.

그 다음은 교훈 목록을 옆에 두고 사용하여야 한다. 문제가 발생할 때마다 들여다보면서 왜 재발했는지 또는 왜 예방을 못했는지 반성하여야 한다. 설계와 공정 개발의 입력으로 또는 양산의 입력으로 관리 계획에 반영하고 해당 기술 표준에 넣어 관리하여야 한다. 이의 끊임없는 반복이 교훈 관리이다. 그 결과, 문제가 덜 일어나고 재발이 안 되고 심각한 결과를 예방할 수 있는 것이다.

교훈의 대표적인 관리 방법은 8D와 FMEA를 롤링(Rolling)하는 것이다. 교훈 관리의 시작이 문제 예방을 위한 FMEA이고, 그 FMEA 결과의 피드백이 8D이다. 8D는 재발 방지를 위해 다시 FMEA로 연결된다. 그렇기 때문에 FMEA를 교훈 목록으로 사용할 수 있다.

FMEA가 널리 보급되기 전, 과거에는 체크리스트 형태의 교훈 목록을 주로 사용하였다. 기능별로 실패 사례를 모아서 각자의 영역에서 개발과 양산의 인풋(활동의 시작 단계에서의 우선 검토 대상)으로 활용하였다. 그러한 교훈의 관리 방법이 지금은 살아있는 FMEA로 많이 인식되어 나타나고 있다.

어떤 형태의 교훈 목록일지라도 중요한 것은, 문제 예방 도구와 문제 해결 도구는 상호 연계되어야 살아있는 교훈 관리가 가능하다는 점이다.

8D 보고서 평가 시트
(8D Evaluation Sheet or Assessment Tool)

8D 보고서가 완료되면 8D 전개 결과에 대한 평가가 필요하다. 8D가 올바르게 전개되었는지 혹시 주관적인 판단이 개입되지는 않았는지 전문가 그룹에 의한 검증이 필요하다. 문제의 크기가 클수록 이러한 8D 평가 도구를 활용하는 것은 중요하다.

8D 평가 도구는 D8 단계에서 팀 리더가 보고서에 서명하기 전에 내부 전문가 그룹에 의뢰하여 사용할 수 있다. 내부 전문가 그룹이 별도로 없는 경우는 조직 내 8D 경험이 가장 많은 개인이나 외부 전문가에 의뢰하여 평가받을 수 있어야 한다.

이러한 8D 평가는 왜 필요하고 평가의 본질은 무엇일까? 결론적으로 말하자면 문제의 재발 방지에 대한 신뢰도를 객관적으로 확인하고자 함이다. 문제와 원인의 메커니즘이 정확한지, 원인과 대책이 근본적으로 파악되고 수립되었는지 그래서, 궁극적으로 문제 재발 방지가 될 것인지를 객관적으로 평가해보겠다는 것이다.

조직마다 운용 방식이 다르기는 하지만 8D 전체 과정의 유효성을 검증하기 위한 수단으로 평가 도구를 활용한다. 운용 시 일부 단점이 존재하기는 하지만 많은 글로벌 고객들이 이러한 도구를 사용하여 8D 보고서를 평가하기 때문에 공급자 입장에서도 글로벌 기준에 입각하여 평가 도구를 정하고 운용할 필요가 있다.

평가 도구의 내용은 주로 체크리스트 방식이 많다. D0에서부터 D8까지 단계별로 핵심적인 질문 항목을 두고 항목별로 수준을 평가하고 점수를 부여하는 방식이다. 질문의 수를 많이 나열하면 오히려 혼란스러울 수 있으므로 각 단계에서 통합적이고 핵심적인 질문들만 집약하여 구성하는 것이 필요하다.

평가 방식의 중요한 포인트는, 평가 점수가 일정 기준을 넘으면 신뢰할 수 있다가 되어서는 안 된다. 점수 상으로는 만족할 수 있다 하더라도 핵심 항목(D4 원인과 D5 대책)에서 근본적으로 신뢰할 수 없다면 전체 획득 점수와는 무관하게 8D 보고서는 부적합으로 평가되어야 한다. 실제 최고로 잘 작성했다는 8D 보고서 사례를 연구하면서 바로 부적합 판정을 내린 경우도 더러 있었다. 문제와 원인의 인과 관계가 기술적으로 명확하지 않고 원인은 맞다 하더라도 대책이 올바르지 않는 경우가 있었기 때문이다. 물론 그렇게 평가하는 데 있어 판단 근거를 제시해야 함은 당연하다.

<8D 평가 도구 기초 예>

단계	ID	체크 내용	수준 0	수준 1	수준 2	점수
D0	1	증상에 대해 정의를 하였는가?				/2
	2	긴급 여부에 대한 판단이 적절하였는가?				/2
	3	긴급 사안일 경우 선제적인 조치를 취하였는가?				/2
D1	1	팀은 문제 규모에 적절하고 전문성을 갖추었는가?				/1
	2	팀 구성원의 책임과 역할은 정의되고 명확한가?				/1
D2	1	문제는 5W2H로 기술하였나?				/2
	2	문제 영향(기간, 수량 등)은 정확하게 파악하였나?				/2
	3	문제 검증 방법과 내용은 타당하고 객관적인가?				/2
D3	1	문제가 확대되지 않도록 적절히 임시조치를 하였나?				/2
	2	고객 영향(납기 등)이 없도록 백업을 준비하였나?				/2
	3	임시조치는 유효성이 평가되고 고객이 동의했는가?				/2
★ D4	1	유출 원인을 파악하였고 신뢰할 수 있나?				/2
	2	공정(설계 포함) 원인을 파악하였고 신뢰할 수 있나?				/2
	3	시스템 원인은 파악하였고 신뢰할 수 있나?				/2
★ D5	1	3X5Why에 따라 대책이 수립되었나?				/2
	2	메커니즘이 이해되고 인과관계가 논리적이고 명확?				/2
	3	대책의 검증(Verification) 계획은 제시되었나?				/2

★ D6	1	대책 적용 및 유효성 검증(Validation) 계획은 수립?				/2
	2	유효성 검증 결과는 신뢰할 수 있나?				/2
	3	유효성 검증 결과에 대해 고객이 동의하였나?				/2
D7	1	대책은 수평 전개하였고 교훈으로 등록하였나?				/2
	2	시스템적인 조치(표준화, 정보화)를 실시하였나?				/2
	3	CP와 FMEA를 전개하였고 문서를 추적할 수 있나?				/2
D8	1	이슈가 종결되었고 문제 재발 방지를 확신하는가?				/2
	2	팀과 개인의 기여도가 평가되고 포상이 이루어졌나?				/2
	3	팀원, 리더와 챔피언의 승인일자와 서명이 있는가?				/2
기준	합격	조건부 합격	불합격	총점수		/50
	80% 이상	70-79%	70% 미만	백분율		%
비고	1) ★항목은 하나라도 0(zero) 판정 시 부적합 2) 해당 없을 경우 평가 없이 항목 배점 제외함 3) 판정 결과에 대한 재심의 청구 ☞ 홍길동BJ			판정		적합
						조건부
						부적합
총평						

☞ 수준2(충분), 수준1(보통 또는 관찰 필요), 수준0(불충분)

8D 보고서
성공 10원칙

1원칙_DB(Data Base)를 구축하고 사전에 양식을 정하라

일단 문제가 발생하면 크든 작든 전쟁을 치를 수밖에 없다. 전쟁은 막 닥쳐서 우왕좌왕하게 되면 이길 수 없다. 큰 전쟁일 경우 단기적으로 막대한 손실을 피하기 어렵다. 따라서 평상시 문제 가능성을 예측하고 그에 맞게끔 준비하는 자세가 필요하다.

준비하는 방법은, 문제 가능성 있는 리스크를 식별 및 평가하고 리스크 크기와 중요도에 따라 시나리오를 짜고 대비하는 전략을 수립하는 것이다.

문제라는 전쟁 발발 시 가장 핵심적인 성과 지표는 문제 해결까지 걸리는 시간이다. 문제 해결은 당연한 것이고 얼마만큼 빠르게 문제를 해결하느냐가 피해를 최소화하는 길이기 때문이다. 피할 수 있으면 좋겠지만 피할 수 없다면 최단 시간 내에 적을 제압하고 전쟁을 끝내야 한다.

그래서 앞서 8D 프로세스의 성과 지표가 TAT라고 말한 이유가 여기에 있다. 그러면 TAT를 문제 피해자가 기대하는 수준으로 관리하기 위한 방법은 무엇일까? 그것은 문제 해결 방법론이라는 시나리오에 따라 단계별 필요한 그리고 알맞은 DB를 구축하는 일이다.

물자 제공, 보급로 및 진지 구축 없이 전쟁을 치를 수 없듯이 DB가 구축 안 된 상황에서 문제와 맞서 싸우라고 하면, 그리고 싸우는 동안 준비하겠다 하면 문제를 쉽게 풀어나갈 수 없다.

여기서 말하는 DB의 의미는 다음과 같다.

첫 번째, 전체적으로는 문제 해결 시스템을 갖추어야 한다. 불량 분석, 추적 관리, 공정 관리, 변경 관리, 예방 관리 및 문서화 정보 관리 시스템 등이 프로세스적으로 연결되고 있어야 한다. 그러한 프로세스 상호 작용에 의해 나오는 입출력물이 DB이다. DB들이 평상시 작동하고 있어야 문제 발생 시 이들을 활용하여 올바른 해결과 빠른 TAT를 도모할 수 있다.

두 번째, 제품 군별 또는 담당 제품별 지속적 개선 팀 활동이 최소한 일주일 단위로 실행되어야 한다. 그 활동의 결과로써 나오는 출력물이 DB이다. 지속적 개선 활동 DB를 통해 문제 발생 시 영향 범위를 조기에 파악, 차단하고 근본 원인 또한 빠르게 찾을 수 있다. 별도의 팀 구성에 시간을 허비할 필요 없기 때문에 팀 워크 측면에서 TAT 단축 측면에서 매우 유효하다.

세 번째, 문제 유형에 알맞은 8D 전개 양식을 결정해 두는 것이다.

어떻게 전개할 것인지 과도한 논리적 사고에 빠질 수 있는 부담을 줄이고 문제 해결 자체에 집중할 수 있도록 적정 선까지 틀을 만들어 주는 것이다. 그렇지 않고 8D의 큰 형태만 던져주고 알아서 작성하라고 하면 보고서 작성에 서툰 엔지니어들은 8D 보고서 작성의 거부감만 먼저 가질 수 있다.

거부감이란, 8D가 좋기는 하지만 어렵다, 현실과는 맞지 않다는 피드백으로 돌아와서 궁극적으로 8D가 정착하지 못하는 결과를 초래하기도 한다. 그렇게 작성한 8D 보고서는 객관적인 평가에서 부족한 수준을 많이 보인다.

따라서, 내부적인 문제와 외부적인 문제, 간단한 문제와 복잡한 문제, 개발 문제와 양산 문제, 기술적인 문제와 관리적인 문제 등 용도에 적절한 양식을 만들어 일관성 있게 사용하는 것이 필요하다.

8D 보고서 양식이 중요한 이유는, 엔지니어가 한번 작성한 보고서를 또 다른 보고를 위하여 두세 번 반복 작성한다는 것이다. 앞서 언급한 바와 같이 경영진 보고 용도로 편집하고, 고객 보고 용도로 다른 누군가가 다시 작성하는 일은 피해야 한다. 매우 낭비적인 일이 아닐 수 없다.

양식을 잘 정해두면 일의 반복을 줄일 수 있고, 양식 그 자체가 문제 해결 프로세스를 쉽게 이해하고 접근하게 할 수도 있다. 양식은 한번 정해진다고 영원히 고정적인 것은 아니다. 일단 사용하면서 발전시켜 나가는 지혜가 중요하다.

2원칙_어떤 경우에 쓸 것인지 정하라

8D는 문제 해결 방법에 있어 이미 글로벌 표준이다. 따라서 제품이나 서비스를 공급하는 조직은 고객 문제 발생 시에 8D를 사용하는 곳이 많다. 고객이 특별히 8D 사용을 지정하지 않아도 그냥 8D를 사용하는 것이 일반적이고 가장 무난하다. 따라서, 8D는 조직 내 고객을 대응하는 엔지니어나 관리자는 필히 8D 방법론을 이해하고 보고서를 작성할 줄 알아야 한다

문제 해결 프로세스의 혁신 차원에서 모든 문제를 하나의 통일된 방법론으로 다루겠다고 하면 8D를 전사적인 범위에서 사용할 수 있다. 전사적으로 모든 구성원에게 문제 해결 마인드 셋 차원에서 8D를 익히도록 하는 것이다.

집단의 문제 해결 능력은 이러한 마인드 셋에 기초하여 나온다. 이는 제품이나 서비스의 품질, 기술적인 문제 외에 환경, 안전보건 등의 문제 해결과 재발 방지에도 힘을 발휘할 수 있다. 단기적인 문제든 장기적인 문제든, 간단한 문제든 복잡한 문제든, 기술적인 문제든 관리적인 문제든 하나의 통일된 8D를 사용할 수 있다.

조직 기능별로 제품 특성에 맞도록 8D를 구조화 세분화할 수도 있다. 영업, 관리, 구매, 개발, 제조, 설비 및 품질 부서 등 각 기능별로 다루는 문제 특성에 맞게 8D를 조정하여 사용할 수 있다. 최소한 개발 문제-공급자 부품 문제-양산 문제-고객 문제와 같은 운영

(Operation) 프로세스의 문제를 다루는 부서들은 하나의 통일된 방식으로 8D를 사용할 필요가 있다.

이렇듯 조직은 8D를 어떤 경우에 쓸 것인지를 검토해서 그 범위를 정할 필요가 있다.

3원칙_왜 쓰는지를 자각하라

문제가 발생하면 일단 문제를 덮기에 급급한 경우가 많다. 시끄러우니까 일단 잠재우고자 하는 심리가 강하다. 쌓여 있는 문제가 한두 가지가 아닌데 특별히 중요한 일 아니면 빨리 빨리 끝내고자 하는 경향이 있다. 그래서 숨기거나 복잡하게 하지 않으려고 원인을 단순화하여 문제를 대하는 경우가 많다.

그렇게 접근하다 보니 8D가 길게 느껴지고, 쓸 것도 없는데 하는 생각이 드는 것이다. 쓸 내용이 별로 없으니 보고서를 치장하거나 거짓으로 꾸며서 작성하는 경우도 발생한다. 문제 현상에 대한 대증요법만 나와 있고, 근본 원인 분석이나 근본 대책 수립까지 못 갔으니 표면적인 원인과 임시 조치 수준의 대책밖에 없는 것이다.

이는 8D의 본질에서 벗어난 부실한 보고서만 양산하는 결과를 초래한다. 정말 문제 원인이 단순하거나 우연 원인이어서 4D나 5D 보고서가 필요할 수는 있지만 문제를 축약하기 위한 의도로 4D나 5D를 타당한 것으로 주장해서는 안 된다.

문제 해결의 주체는 8D를 전개하고 그 결과로서 담아내는 보고서가 거짓 없이 진실되게 작성되어야 한다는 것을 자각하여야 한다. 잘못 판단할 수는 있어도 판단의 내용을 거짓으로 기술하거나 없는 원인이나 대책을 지어서 작성해서는 안 된다.

문제 원인을 알고 있지만 마땅한 대책이 없을 수 있다. 비용이 들어가는 대책이어서 실행에 옮기기 어려울 수도 있다. 또는 실제 문제 원인을 몰라서 대책이 없을 수도 있다. 어떤 문제 원인은 대책을 위해 투자가 일어나야 하는데 경영자가 지원 못하는 경우도 있다. TAT 지표를 강조하니 시간이 오래 걸리는 대책은 피하는 경향도 있다.

이런 저런 이유로 보고서를 작성하는 사람은 8D 전개 내용을 TAT를 충족하는 선에서, 보고서를 읽는 사람이 트집 잡지 않는 수준에서 적당하게 끝내고 싶어한다는 것이다.

결론은, 그렇게 해서는 안 된다. 당장은 문제를 덮거나 피해갈 수는 있어도 문제가 재발하는 악순환을 겪을 수 있다. 단거리만 뛰는 선수는 준비 과정 없이 장거리를 뛸 수 없다. 대중적인 요법에 익숙한 엔지니어는 큰 문제가 닥쳤을 때는 이의 근본 해결 능력을 발휘하지 못한다. 해결을 한다 해도 시간이 오래 걸려 큰 피해를 막지 못할 수도 있다.

문제의 뿌리를 캐기 위해서는 정면 돌파해야 할 때 할 줄 알아야 한다. 문제를 정직하게 대하는 마음을 가질 때 결과로서 올바른 8D 보고서가 나온다. 올바른 8D 보고서는 읽는 사람에게 '이 문제는 해결되었구나', '다시 재발하지 않겠구나' 신뢰감을 주는 것이다.

4원칙_누가 읽는지 최종 승인자를 확인하라

읽는 사람을 고려하여 글을 작성하여야 한다. 일반 보고서 또한 마찬가지이다. 글을 작성하는 사람의 입장에서는 읽는 사람이 내가 작성하는 보고서의 고객이다.

8D 보고서는 문제로 인해 피해를 입은 사람 즉, 경영자나 고객이 읽어서 공감할 수 있어야 한다. 고객이 직접 읽을 수 없는 경우에는 고객 대신 보고서를 검토하고 최종 승인하는 사람에 맞추어야 한다. 그렇게 보고서를 읽는 사람에 맞추어야 하는 이유는 문제 유형과 상황에 따라 보고서 형식, 작성 방법과 소요되는 시간 등 투입되는 노력이 다르기 때문이다.

공용어로 할 것인지, 해당 국가의 언어로 작성할 것인지, OA 프로그램은 어떤 것을 사용할 것인지, 고객 또는 조직 내부의 보고서 형식을 사용할 것인지, 세로 또는 가로 양식을 사용할 것인지 등을 고려하여 보고서 작성 방향을 결정하여야 한다.

내용 전개도 그렇지만 형식이나 구성에 있어 미리 부정적인 느낌이 들지 않도록 사전 정보를 통해 관리할 필요가 있다. 어떤 경영자는 결론이 없는 보고서를 아예 거들떠보지 않는 예도 있다. 어떤 경영자는 발생한 문제가 재발인지 아닌지를 따지기도 한다. 어떤 고객은 고장과 원인의 메커니즘이 제대로 설명되지 않으면 8D 보고서 자체를 부적격한 것으로 평가하기도 한다. 어떤 고객은 작성자의 8D 이해도가 부족하다 느끼면 이의 개선을 위해 체계적인 훈련을 요구하기도 한다.

이처럼 8D 보고서를 읽고 최종 승인하는 입장에서 보고서가 마음에 들지 않으면 이를 거부하거나 개선을 요구할 수 있다. 따라서, 읽는 사람의 주관성을 고려하여 보고서에 들이는 시간과 노력을 다르게 관리할 필요가 있다.

일상 관리가 필요한 정도의 문제나 우연 원인에 의한 단순한 문제 등은 기록의 목적으로 작성하는 경우가 있다. 이런 경우는 특별히 검토나 승인을 필요로 하지 않기 때문에 정해진 양식으로 원 페이지 보고서로 접근하는 것이 바람직하다.

자주 일어나지 않는 부적합이나 관리 문제로서 지속적인 개선 활동의 결과로 작성하는 문제 해결 보고서는 8D를 축약한 4D 또는 5D 보고서를 적용한다. 5D 보고서를 적용하더라도 최종 보고의 대상이 경영자라면 읽는 사람이 쉽게 이해할 수 있는 정도로 기술적인 용어를 순화하여 작성하는 스킬이 필요하다. 이해하기 어려운 약어와 용어는 읽는 사람 입장에서 적절하게 풀어써야 한다.

특히 경영자의 의사 결정이 필요한 내용이라면 명확하게 의사결정 포인트를 기술하고 작성자의 의견이 개진될 수 있도록 하여야 한다.

고객의 불만이나 문제는 고객 맞춤형으로 정해진 양식을 사용하고 고객이 가장 궁금해하는 관점에서 작성하여야 한다. 문제 영향 범위, 5Why를 통해 원인과 대책은 명확한지, 개선은 언제부터 되는 건지, 백업을 통합 납기에는 문제가 없는지, 감염 제품에 대한 평가와 처리, 문제로 인한 손실 배상 등에 명확한 사실과 입장을 담아 보고서를 작성하여야 한다.

현업에 있을 때 그런 광경을 본 적이 있다. 담당 임원이 보고서를 제출했는데 최고 경영자가 불러서 보고서를 책상 위로 던지듯 밀어버렸다. 질책하듯이 한 말이 '이게 보고서입니까?'였다. 낮은 목소리였지만 눈빛을 통해 보고받는 사람의 크게 화난 모습을 느낄 수 있었다.

8D라고 하는 틀은 정형화되어 있지만 읽는 사람의 관점에 따라 부각되어야 하는 내용들이 조금씩 다르기 때문에 읽는 사람의 의향을 잘 파악하는 것이 중요하다. 특히 비용과 관련된 또는 영향을 주는 내용은 논거가 정확하고 명확하여야 한다.

5원칙_타이밍을 기획하라

8D 프로세스의 성과지표 중 하나가 TAT라고 하는 타이밍을 관리하는 것이다. TAT는 문제 발생에서 해결 완료까지 걸리는 시간이다. 문제 발생 시 TAT는 제품이나 서비스 유형에 따라 고객마다 다르지만 대략 기대 시간이란 게 있다. 기대 시간은 문제의 피해자가 해결까지 기대하는 일반적인 시간일 수도 있고, 최대로 인내하는 시간일 수도 있다. 당연히 불만이 쌓이기 시작하는 시간이나 인내 한계 시간보다 훨씬 앞서 설정되고 관리되어야 한다.

TV를 산 지 얼마 지나지 않아 주말에 고장이 발생했다. 일요일 밤에 중요한 스포츠 경기를 봐야 하는데 내일이 휴일이라 수리가 가능할까 싶었다. 실망 반 우려 반으로 A/S를 신청하였다. 기대하는 수리 일자는 빠르면 월요일로 예상했는데 의외로 일요일 오전 A/S 기사가 방문하여 즉각적인 조치로 TV를 원상 복구하였다. 기대를 뛰어넘는 서비스 대응 속도로 떠날 뻔한 고객의 마음을 붙잡았다.

TAT는 그래서 중요하다. 문제가 발생하여 콜 센터에 전화를 했는데 몇 번 통화 끝에 겨우 연결되는 경우나 아예 콜 서비스 시간이 오전 10시에 시작하여 오후 3시에 종료하는 경우도 보았다. 고객의 스트레스를 이중으로 증폭시키는, 고객의 시간을 전혀 중요하게 생각 안 하는 처사라고 밖에 볼 수 없다.

TAT 사례 소개는 앞서 하였다. B to B의 경우 제품이나 서비스의 고장 유형에 따라 계약 전에 고객과 협의하고 상호 인식하는 것이 필요하다. B to C의 경우 일반 소비자가 기대하는 충족 시간에 맞추어 서비스의 타이밍이 설계될 필요가 있다.

TAT는 빠르면 빠를수록 좋다. 그렇지만 제품과 서비스 유형에 따라 물리적인 소요 시간이 다르기 때문에 무조건 빠르게만 할 수는 없다. 만일 문제 접수 후 1일 이내 응대, 3일 이내 임시 조치, 7일 이내 완료를 목표로 세웠다고 가정하자. 조직의 문제 해결 프로세스가 목표로 하는 TAT를 충족시킬 수 있는 지 시뮬레이션해 볼 필요가 있다.

목표로 하는 타이밍을 기획하는 방법은 문제 해결 프로세스의 각 단계별로 목표 시간을 설정하고, 목표 시간 내에 일을 완료할 수 있도록 필요한 6M이라는 인프라를 갖추는 것이다.

TAT 시간을 잡아먹는 요소들은 다양하다. 기술적 리더십 부재, 팀 활동 어려움, 불량 접수 지연, 불량 분석 미숙, DB 부재, 추적 관리 어려움, 근본 원인과 대책 수립 어려움 및 보고서 작성 스킬 부족 등이 있다.

조직은 이와 같은 시간을 지연시키는 요소들과 단계별 TAT를 충족시킬 수 없는 상황을 파악하여 이의 대응 시나리오를 준비하는 것이 TAT 타이밍을 기획하는 것이다. 이러한 기획은 문제 해결 프로세스의 책임과 권한, 방법 등에 기술되어야 한다. 그리고, 시뮬레이션이나 실 사례를 통해 문제점을 보완해 나가야 한다. TAT 만족을 위한 분석이나 준비없이 문제에 부딪혀서 해결하면 된다는 생각으로 사업을 시작한다면 큰 오산이 아닐 수 없다.

사업을 하는 동안 문제를 피할 수는 없다. 피할 수 없다면 발생 전에 먼저 대비하고, 발생했을 때 빠르게 효과적으로 처리하는 것이 고객을 떠나지 않게 하는 최선의 방법이다.

TAT는 단순히 대응 속도, 문제 해결에 소요되는 시간만을 의미하지는 않는다. TAT는 조직이 보유하고 있는 모든 문제 해결 역량을 최종적으로 대변하는 지표이다.

6원칙_증거 기반으로 작성하라

공정성은 이해 관계가 없어야 하고, 객관성은 증거 기반으로 판단하고 의사 결정을 하는 것이다.

완료된 8D 보고서는 문제를 해결했다는 사실의 객관적인 증명이다. 이는 증거 기반으로 작성되었을 때만 신뢰할 수 있다. 현상에 대한 분석 데이터, 근본 원인이 맞는 지 검증한 데이터, 원인과 대책 간의 메커니즘 제시, 대책의 유효성 검증 결과 및 재발 방지를 위한 대책의 표준화 등이 바로 증거 기반이다. 이런 모습으로 보고서가 충실히 작성되었을 때 이 문제는 '완전히 해결되었구나' 그리고, '더 이상 재발하지 않겠구나'라는 확신을 가질 수 있다.

거짓으로 작성된, 또는 거짓은 아니더라도 그럴듯하게 원인과 대책을 끼워 맞춘 8D 보고서를 보면 몇 가지 특징이 있다. 증거를 조작 또는 유추하여 해석하거나, 관련 없는 데이터를 관련 있는 것처럼 끼워 맞추거나, 대증적인 요법을 무리하게 근본 대책인 것처럼 꾸미는 것이다. 이러한 흔적들은 많은 8D 보고서를 통해 접할 수 있다.

  문제 해결의 관점보다는 문제를 봉합하고 문제라는 이슈를 덮는 데 급급한 경우가 많기 때문이다. 그런 상황이 벌어지는 것은 여러 이유가 있지만 문제 해결을 위한 조직의 환경 영향이 크다. 생산 활동에만 치우친 기술 리더십의 한계, 품질 개선 팀의 역량 부족, 열악한 품질 DB, 6M 자원의 부족 등이다. 특히 문제 발생 시에 관련 팀 활동 없이 책임 부서 담당자가 혼자 알아서 해결해야 하는 환경에서는 위와 같은 8D 보고서의 특징이 명확하게 나타난다.

  이를 개선하기 위한 방법은 조직의 문제 해결 역량을 먼저 진단해 보는 것이다. 문제 해결(8D) 프로세스가 고객이 원하는 TAT를 만족하고 있는 지, 문제는 재발하지 않는지를 객관적인 데이터를 통해 살펴보아야 한다. TAT와 재발율에 대한 관리 지표가 없다면 조직은 우선 이것부터 성과지표로 설정하여야 한다. 그 지표 속에 조직의 문제 해결 역량의 증거들이 나타나기 때문이다.

  조직의 문제 해결 역량을 더 간단하게 이해하는 방법은 조직이 그동안 작성해왔던 8D 보고서를 증거 기반 유무로 따져보는 것이다. 기술이나 품질 업무에 대한 기본 지식을 갖추고 PDCA를 바탕으로 어느 정도 논리적인 사고를 할 수 있는 엔지니어라면 금방 파악할 수 있다. 생각하는 바를 논리적으로 표현하고 작성하는 것은 어렵지만 작성된 것을 읽고 논리적인지 아닌지를 판단하는 것이 보다 쉽기 때문이다.

단순히 '증거 기반으로 작성하면 되지 않느냐, 그게 어렵냐?' 반문할 수도 있다. 지어낸 증거도 증거로 용인하는 무감각한 분위기에서는 그럴 수 있다. 그런 게 아니라면 8D 단계별로 분석 도구는 사용하는 지, 도구에 의한 데이터는 정확한지를 점검할 필요가 있다. 또한 데이터를 근거로 문제 메커니즘과 인과 관계를 따졌을 때 부족함이 느껴진다면 그 부족함의 근본 이유는 무엇인지 앞서 언급한 환경 관점에서 들여다볼 필요가 있다.

7원칙_실행할 수 있는 약속(대책)만 기록하라

3X 5Why 전개 시 단계별 원인들에 대해 대책을 수립하여야 한다. 5Why의 마지막 단계에 귀결되는 원인이 근본 원인이고 그것의 대책이 근본 대책이 되는 것이다. 1Why에서부터 4Why까지 중간 과정에서 파악한 원인들에 대한 대책들은 임시조치, 또는 대증 요법에 해당하는 조치들이다. 그러한 대책들은 각 단계별 원인별로 중복되어 나타날 수도 있기 때문에 2~3개의 원인들이 대책 하나로 귀결될 수도 있다.

대책은 유출 원인, 공정(발생) 원인 그리고, 시스템 원인 순으로 구분하여 전개하는 편이 좋다. 발생한 문제가 유출이나 시스템적 원인과 관계없다면 전개할 필요는 없다. 전개한 대책은 인과 관계가 나타나도록 정리하되 당장 실현이 어려운 대책은 제외하여야 한다.

예를 들어, 설비의 노후화가 문제 원인이고 그 대책이 신규 장비 구매일 경우 빠른 시간 내에 명확한 구매 일정을 제시하지 않는 대책은 당장 대책으로 유효하지 않다. 추상적이거나 실현이 불확실한 먼 얘기를 대책으로 볼 수는 없다. 장기 대책도 대책으로 가능하기는 하지만 그럴 경우 기한과 일정을 명시하여야 한다.

공장 또는 공정을 이전하겠다, 차세대 제품에 반영하겠다, 정보화 시스템을 도입하겠다, 신규 설비를 구매하겠다, 원자재를 변경하겠다, 인력을 보강하겠다 등 필요성은 공감이 되나 당장 문제 해결에 직간접적인 유효성을 얻기 어려운 대책은 대책으로 제시하여서는 안 된다.

물론 중 장기적이지만 근본적인 대책이라고 판단하면 일정과 함께 8D 보고서 상에 제시할 수는 있다. 그러한 경우 8D 보고서는 반드시 그 일정에 따라 실행한 결과와 유효성 평가 결과까지 업데이트하여야 한다. 그 전까지는 8D 보고서를 완료한 것으로 간주해서는 안 된다.

8원칙_제출 전에 검토하고 확인하라

문서의 제정과 개정은 정해진 기안, 검토 및 승인의 단계를 거쳐야 한다. 그렇게 하는 것이 문서를 제대로 검토하고 완료했다는 객관적인 방법이자 증거이다.

8D 보고서도 마찬가지이다. 팀 활동의 결과로 나온 보고서지만 고객(최종 읽는 사람)에 제출 전에 내부 기안, 검토 및 승인이 이루어져야 한다. 특히 원인에 대한 귀책, 제품 판정이나 클레임 및 보상의 증거로 쓰일 경우 8D 팀 리더와 챔피언의 검토와 승인은 필수적이다. 이를 바탕으로 최고 경영자의 품의 결재를 받는 일도 생길 수 있다. 보고서의 내용을 가지고 공급자 또는 고객과 품질 및 기술적인 해석의 다툼을 할 수 있기 때문에 조직의 승인권자가 제출 전에 반드시 면밀히 검토하여야 한다.

문제 사안에 따라 예상치 못한 손실 규모를 더 키울 수도 줄일 수도 있는 것이 8D 보고서 내용이다. 제출 후 '그게 아닌데'라는 상황에 놓이지 않기 위해서는 최선의 기안을 하고 내부 전문가의 검토와 최종 승인권자의 승인을 소홀히 해서는 안 된다.

역으로 고객의 입장에서는 책임과 권한이 있는 직책에서 검토, 승인이 이루어지지 않은 8D 보고서에 대해서는 거부할 수도 있다. 대책은 약속이고 그 약속에 대해 승인권자가 승인하지 않았다고 간주하는 것이다.

검토 및 승인자가 모르는 사인이나 직인을 사진으로 스캔해서 붙이는 경우도 있는데 이를 함부로 허용해서는 안 된다. 보고서 커버페이지에 일자를 같이 명기한 사인 스캔본을 제출하더라도 사인 원본은 보관하여야 한다. 지금은 대부분 전자결재 시스템이 갖추어져 있으므로 이런 고민은 하지 않아도 되겠다.

검토, 승인을 확인하는 보완 방법이 또 있다. 그렇게 검토, 승인한 8D 보고서를 고객에 제출할 때는 메일 참조에 검토자와 승인자의 메일 주소가 들어가 있어야 한다.

조직은 문제 크기에 따라 8D 보고서의 기안, 검토, 승인의 책임과 권한을 문제 해결 프로세스에 명시하는 것이 필요하다. 최고 경영자에게 문제를 보고하지 않거나 가볍게 판단되도록 하는 과정이 프로세스에 존재해서는 안 된다.

문제 크기를 떠나 최고 경영자는 모든 문제 현황을 들여다보고 싶을 때 쉬운 방법으로 접근할 수 있고, 독자적인 판단을 할 수 있어야 한다. 리스크를 보는 관점이 다를 수 있기 때문이다.

9원칙_본질은 개선을 통한 예방이다

8D의 본질은 개선을 통한 문제 재발 방지이고 그 결과는, 문제 예방의 성과로 나타난다고 앞서 언급하였다. 개선을 통한 예방 관리는 크게 두 가지 방법이 있다.

첫째, 자주 재발하는 문제를 우선 잡아야 한다.

기술적인 문제는 철저하게 기술적인 또는 품질적인 지식을 바탕으로 풀어야 한다. 기술적인 문제를 관리적 시스템적 방편에 의존하여 그것을 근본 원인인 것처럼 접근하면 재발의 반복이 지속될 수 있다. 비행기를 띄우고 미사일만 쏜다고 전쟁을 금방 이기는 것은 아니다. 장기전일수록 소소한 국지전에서부터 이겨 나가야 한다. 그러기 위해서는 작은 크기의 재발 문제라도 유형을 분류하여 우선 개선하는 전략이 필요하다.

단기적으로 재발하는 문제가 있고, 중장기적으로 잊을 만하면 재발하는 문제도 있다. 어떤 문제 유형이든 근본 대책 하나에 올인해서 나머지 5Why 원인 별 대책을 소홀히 해서는 안 된다. 대증 요법도 꾸준히 관리를 하면 근본 대책 못지 않은 재발 방지의 효과를 거둘 수 있다. 임시 조치이고 대증적인 요법이니까 한 번 쓰고 그만두는 대책으로 생각한다면 오산이다.

엔지니어라면 기술적으로 아주 미세한 부분까지 파고들어 문제가 재발하지 않도록 관련 원인들을 발굴하고 하나씩 차단해 나가야 한다. 그러한 개인의 노력이 집단의 노력으로 성과를 발휘할 때 재발율을 점진적으로 또는 획기적으로 감소시킬 수 있다. 그것을 체계적으로 시스템적으로 이끌어내는 방법 중 하나가 개인별, 집단별로 재발율에 관한 역량을 평가하는 인사 관리 시스템이다.

둘째, 처음 경험하는 문제는 최초 발생 시 전력을 다하여 풀어야 한다. 조금 풀다가 그만 두거나 안이하게 단편적으로 덮어버리려 해서는 안 된다.

처음 경험하는 문제는 신 기술, 신 설계와 공정, 신 자재, 신 설비, 실수 방지 실패, 부족한 양산 준비 등에 기인하는 문제일 가능성이 높다. 재발 문제들이 많이 혼재되어 있을 때는 처음 경험하는 문제인지 모르고 있다가 대형 사고로 이어진 후에 뒤늦게 그 사실을 알게 되는 경우도 있다. 또는 재발 문제를 하나 둘 제거하고 보니 처음 경험하는 문제들이 더 또렷하게 보일 수도 있다.

이처럼 문제를 개선하기 위해서는 기존 문제의 재발인지 처음 발생한 문제인지 구별하는 것이 필요하다. 왜 필요한지 관리자의 인식이 바뀌어야 대응 방식도 달라진다. 전자에 대한 질문은 '왜 재발하였지?'이고, 후자에 대한 질문은 '왜 예방을 못했지?'이다. 비슷한 것 같지만 다른 질문이고, 다른 접근 방법이 뒤따른다.

처음 발생한 문제들은 이전에 경험하지 못한, 기술적으로 품질 신뢰성 측면에서 어려운 문제들이기 때문에 예측하기 까다로운 문제일 가능성이 높다. 특히 개발 완료 후 양산 초기에 이러한 문제들이 나타난다면 빈도가 어떻든 간에 전력을 다하여 뿌리를 캐야 한다. 설계 문제나 공정 개발 문제의 뒤늦은 암시이거나 양산 동안 들이닥칠 빙산의 일각일 수도 있기 때문이다.

그러면 개선을 통한 예방에 있어 우리 조직의 관리 방법은 무엇일까? 물론 개선 프로세스나 예방 프로세스의 성과 지표를 보면 금방 알 수는 있다. 어떤 길을 가든 정상까지 올라가면 되지 않느냐 싶은데 그리 간단하지는 않다. 개선의 효과는 같더라도 효율이 똑같지 않기 때문이다. 정상을 오르는 데는 최단 코스도 있고 험난한 장거리 코스도 있다. 오르다가 길을 잃거나 헤매지 않기 위해서는 개선의 구체적인 관리 방식에 대해 고민해 볼 필요가 있다.

10원칙_보고서는 나와 회사의 수준을 나타낸다

8D 보고서는 외면과 내면 두 가지의 얼굴 모양을 가지고 있다. 하나는 작성자의 얼굴이고, 다른 하나는 문제 해결 역량 수준을 가늠할 수 있는 회사의 얼굴이다.

작성자의 얼굴이란 뜻은 8D 보고서 작성 능력에 대해 묻는 것이다. 아무리 문제를 잘 해결하였다 하더라도 그 과정과 결과를 8D 보고서 안에 효과적으로 담아내지 못한다면 그 보고서는 의심받을 수밖에 없다. 즉, 읽는 사람으로부터 신뢰를 받기 어렵기 때문에 추가적인 질문을 받는 상황에 놓이게 된다. 따라서, 8D 보고서를 작성하는 엔지니어나 관리자는 기본적으로 글로써 논리적인 전개가 가능해야 한다. 제품이나 공정에 대한 기술적인 이해력을 갖추고 적절히 분석 도구를 사용할 수 있어야 한다. 읽는 사람이 쉽게 이해하고 납득할 수 있도록 글로 표현하고 전달하는 힘, 즉 작성 스킬도 있어야 한다.

읽는 사람이 형식과 논리적 전개 여부를 따지지 않고 원인과 대책만 나름 파악하여 문제가 해결되었구나 믿어주면 좋은데, 그런 경우는 흔치 않다. 비즈니스 관계에서는 증명을 위해 글로 표현하고 작성한 대로만 믿고 이해하고 따질 뿐이다.

　회사의 얼굴이란 뜻은, 신뢰할 만한 DB와 분석 결과를 바탕으로 문제 원인을 정확하게 규명하고 대책을 수립했는지 그리고, 효과성을 증명하였는지 보고서를 보면 회사 수준을 판단할 수 있다는 것이다. 보고서를 아무리 잘 작성한다 해도 인과 관계와 그 증거들이 부실하다면 8D 보고서를 신뢰하기 어렵다. 반대로 실제 문제를 잘 해결했어도 그것을 효과적으로 정리하고 글로서 증명해내지 못하면 그것 또한 불완전한 보고서가 된다. 그런 수준의 보고서를 받아보는 고객은 어떤 생각을 할까? 그것도 한두 번이 아니라면.

　작성자는 체계적인 8D 교육과 반복 실습 및 사례 훈련을 통해 문제 해결 역량을 어느 정도 끌어올릴 수 있다. 조직은 그러한 개인의 역량 강화를 지원하면서 시스템적으로 문제 해결 프로세스를 개선해 나가야 한다. 6M 관점에서 부족한 부분이 무엇인지, 성과지표는 올바른지, 그것을 달성하는 과정이나 방법은 효과적이고 효율적인지를 검토하여 한다.

　아울러 조직의 문제 해결 능력을 8D 보고서 작성 스킬에만 초점을 맞추기보다는 전체 구성원의 문제 해결 의식과 더 나은 8D 프로세스 개발을 통해 키워 나가 것이 필요하다. 그 결과, 어느 순간에 확연히 달라진 문제 개선 성과로 모습을 드러내게 될 것이다.

문제를 해결하는 사람이 예방도 한다

반도체 FAB에서 첫 직장 생활을 시작하였다. 엔지니어가 되고 싶었고, 엔지니어는 생산 현장에서 일을 배워야 한다는 생각에 생산기술부로 지원하였다. 방진복을 입고 하루 종일 생산 라인을 누비던 신입 사원 시절, 가장 먼저 가슴에 와 닿았던 엔지니어의 필수 요건은 바로 '문제 해결(Trouble Shooting) 능력'을 갖추는 일이었다.

생산 흐름에 차질이 생기지 않도록 그리고, 생산의 성과가 극대화되도록 문제를 해결하고 개선하는 일이 엔지니어로서 최선의 과업이라는 것을 알게 되었다.
생산 현장에서 어떤 어려운 문제가 발생해도 원인을 찾아 검증하고 해결해 나가는 선배 엔지니어들의 모습을 보면서 '멋있다'라는 생각을 했고, 알게 모르게 그들을 닮아가려고 밤낮없이 열정을 쏟아내던 시간들이 지금도 생생한 기억으로 남아있다.

당시 현장에서 여러 문제로 힘들어할 때마다 초보 엔지니어였던 내게 힘이 되어준 말은 '생산은 늘 문제의 연속이다. 엔지니어는 바로 그 문제를 해결하는 사람이다'였다. 오랜 기간 엔지니어 길을 걸어옴에 있어 숙명처럼 문제와 싸워 나가는 동료 선후배들의 모습에서 긴 항해 동안 거친 파도와 싸워 나가는 선원들의 모습이 오버랩되기도 하였다.

  그러한 엔지니어의 길이 일찍 좌절될 뻔한 일도 있었다. 반도체 공정 라인이라는 특수 환경에서 방진복을 입고 오래 일을 하다 보니 알레르기 반응으로 인한 안과 질환이 심해졌다. 현장에서 근무가 어려우니 더이상 엔지니어 생활을 할 수 없겠구나 생각했다. 낙심하던 그때 선배로부터 품질보증팀에 가면 엔지니어 일을 계속 할 수 있을 거란 말을 듣게 되었다. 품질 인증 업무나 불량 분석을 할 수도 있고 신뢰성 시험을 할 수도 있으니 생산 기술 엔지니어가 그곳에 가면 잘 할 수 있을 거라는 격려에 힘입어 품질보증실로 자리를 옮겼다. 돌이켜보면 의도한 길은 아니었지만 '품질 엔지니어'란 또 다른 길을 가게 된 인생의 큰 변곡점이 된 순간이었다.

  품질 엔지니어로서 문제를 바라보는 관점이나 문제 해결의 방법은 생산기술 팀에서의 그것과는 조금 차이가 있었다. 당시 담당했던 품질 기술은 제품 품질 보증 활동을 통해 고객 불량 감소 및 예방 업무가 초점이었다. 반면에 생산 기술은 제조 과정의 기술적인 문제를 해결함으로써 불량을 줄이고, 납기 내 생산량을 극대화하도록 생산을 공정 기술적 측면에서 안정시키는 활동이 주요 초점이었다.

그러나 시간이 지나면서 품질이나 생산이나 엔지니어링 활동의 본질이 크게 다르지 않다는 것을 느끼게 되었다. 품질 개선 미팅(Q&R 미팅)을 주관하면서 그 본질에 대해 좀 더 이해하게 되었는데, 모든 엔지니어링 활동의 근본은 공통적으로 '문제를 해결한다'는 것이었다. 조직의 기능 또는 프로세스에 따라 성격은 달라도 엔지니어는 문제를 해결하는 위치에 있고, 문제를 잘 해결할 때 개인이든 팀이든 각광을 받았다. 그때 그 시절엔 그랬다.

시간이 지나 8D라는 구조화된 문제 해결 방법론이 글로벌 표준으로 자리잡았다. 그리고, 엔지니어는 더 이상 문제를 잘 해결하는 것만으로 박수를 받는 시대는 지났다. 문제가 일어나지 않도록, 일어난 문제는 재발되지 않도록 관리하는 능력을 중요시하게 되었다. 그러한 능력을 포함한 문제 해결 역량은 어떻게 육성할 수 있을 것인가? 대답은 8D 안에 들어있다고 필자는 믿는다.

의심치 않는 것은, 8D는 조직의 문제 해결을 위해 적용할 수 있는 가장 기본이 되는 구조적 방법론이다. 엔지니어는 이의 방법론을 습득함으로써 문제 해결 역량을 키울 수 있다. 그리하여 문제를 잘 해결하는 엔지니어가 문제를 예방할 수 있다.

Epilog

아쉬움의 시간들을
책으로 담아내다

30년 가까이 현업에 있으면서 크고 작은 많은 문제를 경험하였다. 문제의 귀책 규명 과정을 담은 보고서 하나로 수십 억에 이르는 클레임을 방어하기도 하였다. 적절한 RMA 계약 검토와 합의를 통해, 기존 관례였다면 고스란히 손실로 안을 뻔했던 공급자 귀책 불량을 증명하기도 했다. 문제를 분석하고 해결하는 일에 익숙하다 보니 어떤 유형의 리스크가 문제를 초래하는지 내다보이기 시작했다. 문제 해결이 결국 재발 건수를 줄여서 궁극적으로 문제를 예방하는 효과로 나타난다는 것도 깨닫게 되었다.

　그 과정에서 얻은 교훈은 문제를 올바르게 해결하기 위해서는 어떤 경우에도 꾸며내거나 '거짓말을 해서는 안 된다'는 사실이었다. 당장의 어려움을 피해가자고 이미 써먹은 대책, 손쉬운 대책으로 문제를 섣불리 봉합하려 해서는 안 된다는 교훈도 얻었다.

대부분의 큰 문제들은 의도하든 안 하든 지켜지지 않은 약속, 작은 거짓말, 만들어 낸 원인과 대책들이 쌓여 눈덩이처럼 불어난 것들이 원인이다. 문제를 덮기 위해 없는 증거를 만들어내고, 임시적인 원인과 대책을 근본 원인과 대책인 양 습관적으로 사용하다 보니 큰 사고를 막지 못하는 악연이 되풀이되는 것이다.

8D라는 훌륭한 방법론을 잘 사용하는 것도 중요하지만 거기에 앞서 엔지니어와 관리자가 다짐해야 할 것이 있다. '정직이 최선이다'라는 신념으로 문제를 겸허히 바라보고 진심으로 고객을 대하는 것이다. 고객이 받아들일 수 없는 수준이어서 퇴짜를 맞는다 하더라도 솔직하게 말하고 진실되게 개선 방향을 제시하여야 한다.

사업의 지속성 관점에서 '그게 다는 아니야, 무얼 그렇게까지'라고 할 수는 있다. 하지만 하나를 보면 열 가지를 안다고 문제를 다루는 데 있어 조직과 구성원의 정직한 마음은, 어떤 위기가 닥치더라도 극복할 수 있는 에너지가 될 것으로 확신한다.

수년간 여러 회사에서 8D 강의를 하면서 늘 아쉬움으로 남는 게 있었다. 그것은 2시간 특강, 1일 과정과 2일 과정을 진행했음에도 마음껏 풀어내기에 부족했던 시간들이었다. 2시간은 개념 이해 또는 관점을 공유하는 기초적인 강의였고, 1일이나 2일 실무 과정은 이론이나 마인드 셋보다는 작성 스킬 습득이 우선 필요한 강의였기 때문이다.

그 아쉬움을 3년간의 숙성시간을 통해 결국 책으로 담아내었다. 마치고 보니 홀가분한 마음보다는 덜 채워졌다는 미련이 남는다. 하지만 내 나름 최선을 다하였다고 자부하기에 세상에 내놓는다. 나의 노력이 모쪼록 입사 지망생들과 아직 경험이 부족한 회사원들께 훌륭한 길잡이가 되어주길. 다소 부족함이 있더라도 산업 현장의 후배들께 경험을 전수하는구나 생각하고 너그럽게 봐주시기를 간곡히 바라며 이 책을 마친다.

용어 해설

프롤로그

8D(Discipline), Structured Problem-Solving Methodology
8단계로 구조화된 문제 해결 방법.

IATF(International Automotive Task Force) 16949
IATF에서 만든 유럽과 미국을 통합하는
자동차 품질 경영 시스템에 관한 글로벌 규격.

Tier(1st Tier)
공급망에 있어 조직이 위치하는 단계(1차 공급자).

Trouble Shooting
고장 수리, 문제 해결.

Q&R(Quality & Reliability) 미팅
품질개선팀(QIT: Quality Improvement Team)
회의의 다른 표현.

Chapter 1

리스크(Risk)와 기회(Opportunity)
불확실성의 영향 (리스크는 부정적, 기회는 긍정적 영향).

FMEA(Failure Mode Effect Analysis)
잠재적 고장 유형에 대한 영향 분석(잠재적 고장을 발굴, 그 영향을 분석한 다음 미리 예방 조치하고자 하는 관리 기법).

DMAIC(Define-Measure-Analyze-Improve-Control)
프로젝트 수행 시 5단계(정의-측정-분석-개선-통제, 표준화)로 문제(생산, 공정 등)를 해결하는 방법론.

DMADV(Define-Measure-Analyze-Design-Verify)
프로젝트 수행 시 5단계(정의-측정-분석-설계-검증)로 문제(설계, 개발 등)를 해결하는 방법론.

6M(Man, Material, Method, Machine, Milieu, Measurement)
생산에 필요한 6가지 요소이자 문제 가능 원인을 분석할 때 분류하는 6가지 요소. Milieu(Environment) 대신 Maintenance로 분류하기도 함. 4M(Man, Material, Machine, Method)을 확대한 범위.

LLL(Lesson Learn List), 교훈 목록
개발이나 양산 시 제품 불량 또는 고객 불량 등 실패 사례를 모아 교훈으로 정리한 현황표 또는 관리 대장. 주로 문제 재발 방지와 예방 관리에 활용하기 위함.

MIL-STD(Military-Standard)
미국방부 제정 군용 하드웨어의 환경 조건에 관한 표준 규격.

Top-Down
문제 발생 시 상위 계층에서 하위 계층으로 원인 계통을 추적하여 문제를 해결 또는 개선하는 방식.

Bottom-Up
공급망 상위 계층에서 문제가 발생하지 않도록 밑바닥 하위 계층에서 미리 문제를 발굴하여 예방 조치하는 방식.

Chapter 2

ERA(Emergency Response Action)
비상 시 긴급 대응 조치.

CS(Customer Service 또는 Satisfaction),
CE(Customer Engineering)
조직과 고객 접점(interface)에서 고객의 요구사항을 지원하는 기능. 보통 영업이나 품질 부서에 그 기능이 있거나 전담 팀이 있음.

FAE(Field Application Engineer), FSE(Field Service Engineer)
CS와 비슷한 영역의 기능. 주로 고객사나 근처에 상주(Field)하면서 고객 제품(Application) 관련 조직의 제품 기술을 지원하는 기능.

COQ(Cost Of Quality), Q-Cost 또는 품질 비용

품질 목표를 달성하고 유지하기 위해 소요된 비용. 이상적인 방향은 최소의 품질 비용으로 최대의 품질 효과를 달성하는 것임. 예방 비용, 평가 비용, 실패 비용으로 구분하며, 좁은 의미로 실패 비용(불량 비용, 클레임 비용 등)만을 관리하는 경향 있음.

TAT(Turn Around Time)

8D 성과 지표의 하나. 문제 발생에서부터 해결까지 얼마나 시간이 소요되었는지 평가하는 것.

5W2H(5Why 2How)

5W(Who, What, When, Where, Why) & 2H(How, How many)라는 7가지 질문으로 간단 명료하게 문제를 정의하는 구조화된 용어.

디프로세스(De-Process)

공정 진행 방향의 역순. 불량 발생 시 제품 또는 반제품 상태에서 원인 공정을 찾기 위해 공정의 역순서로 분석해 들어가는 것.

NTF(Not Trouble Found), NVD(No Visual Defect)

불량은 불량인데 분석 시에 어떤 결함도 눈으로 확인 안 되는 불량. (예1: 소음이 난다. 그런데, 소음의 원인을 눈으로 확인할 수 없다. 예2: 반도체 칩이 동작 불량이다. 해당 좌표의 셀을 분석해 들어갔을 때 아무런 결점이 발견되지 않았다).

DOE(Design Of Experiment)

제품이나 서비스 품질에 영향을 미치는 요인을 찾아내고, 그 영향을 파악하기 위해 실험을 계획, 실시하고 그 결과를 분석하기 위한 일련의 통계적 방법론이다.

Verification, 검증
ISO에서의 용어 정의는,
규정된 요구사항이 충족되었음을 객관적인 증거 제시를 통해
확인하는 것(출처: ISO9000:2015 조항 3.8.12).
8D에서 Verification의 의미는,
발생한 문제(규정된 요구 사항에서 벗어난 상태)의 원인을 찾아내어
어떻게 하면 문제가 없는(규정된 요구 사항을 충족시키는) 상태로
되돌아 갈 수 있는지 분석하여 증거(대책)를 마련하는 과정.

Validation, 실현성 확인/타당성 확인
ISO에서의 용어 정의는, 특정 의도에 맞게 사용 또는
적용하기 위해 요구사항이 충족되었음을 객관적인 증거 제시를
통해 확인하는 것(출처: ISO9000:2015 조항 3.8.13).
8D에서 Validation의 의미는,
문제 원인에 대한 대책이 적용되었을 때 그 적용 제품은
요구 사항을 충족하여 특정 의도에 맞게 사용될 수 있는지를
증명하는 과정.

ERP(Enterprise Resource Planning)
정보화 시스템의 하나로 조직의 경영, 운영 및 지원 프로세스를
통합적으로 관리하기 위한 전사적 자원 관리 시스템.

MES(Manufacturing Execution System)
정보화 시스템의 하나로 생산 진행 현황을 하나의 통합된
프로그램으로 관리하기 위한 생산 관리 시스템.

Traceability, 추적성
문제 발생 시 추적을 통해 빠르게 효과적으로 문제 범위를 파악하고, 고객이 문제로 인한 피해를 입지 않도록 차단하는 방법.

Run sheet, Traveler Card
관리 계획서를 구현해 놓은 마스터 생산 작업 기록지. 공정 처음부터 끝까지 순서대로 작업 이력을 기록하여 공정이 정상적으로 진행되었음을 추적하고 증명하는 기록지.

Contingency Plan, BCP(Business Continuity Planning)
일어나지 않겠지만 만일 일어난다면 어떻게 대응할 것인지 리스크를 고려하여 비상 상황을 설정한 다음 미리 대책을 계획하는 방법.

Lot, 롯트
효율적인 제조와 제품 식별을 위해 조직 또는 고객이 요구하여 정한 제품 단위. 원자재 투입 시점에 동일하거나 비슷한 성격의 재료로 묶고, 이후 동일 제조 조건 아래서 균일한 품질 특성을 갖도록 하는 제품의 구성 단위.

Interim Report, 중간 보고서
8D 완료 보고서 전에, 보통 D3(임시 조치 단계) 후에 나오는 중간 진행 과정의 보고서. 중간 보고서의 횟수는 종결까지의 시간 및 고객이 원하는 시점에 따라 다르다.

3X-5Why
고장 원인을 3가지 방향(유출, 발생, 시스템 원인)으로 나누어 각각 '왜'라는 질문을 다섯 번 정도 하면 근본 원인을 파악할 수 있다는 기법.

불량 검출 Coverage
하나의 조건이 불량을 어느 만큼 걸러낼 수 있는지의 비율. 동일한 비율을 가지는 불량이 3가지가 있다. 불량 각각을 스크린하는 조건이 3개 있는 경우는 조건별 Coverage는 약 33%이다. 그러나 1개 조건으로 3가지 불량을 모두 스크린한다면 그 1개 조건의 불량 검출 Coverage는 100%이다. 즉 스크린 비용이 더 높지 않다면 3개보다는 1개 조건이 효율적이다.

PDM(Product Development Management)
정보화 시스템의 하나로 제품 개발 프로세스에 특화된 시스템.

SCM(Supply Chain Management)
정보화 시스템의 하나로 공급망 관리 프로세스에 특화된 시스템.

Human Error
작업자 실수, 수작업에 의한 고장.

Fool Proof
작업자 누구라도 오동작을 방지하기 위한 설계.

PCN(Process Change Notification), ECN(Engineering Change Notification)
공정 변경 통지, 최초 제품 인증이후 6M 주요 변경에 대한 승인을 획득하기 위해 통지하는 절차. 내부적인 변경 통지를 ECN, 고객 향 통지를 PCN이라 하며, 산업마다 부르는 명칭이 다르다. (예: Production Part Approval Process, First Article Inspection, Copy Exactly, 4M Change Control, Configuration Control 등)

Con-current Qualification, 동시 인증
인증 시험 완료 후 제품을 투입할 경우
납기 등에 문제가 될 수 있다.
이럴 경우 문제에 대한 대책이 확실하다고 판단되거나,
최소한의 검증 결과로 또는 리스크가 작다고 판단될 때
인증 시험 시작과 동시에 또는 인증 시험 진행 도중에
양산을 위한 제품을 투입하는 방법.

CP(Control Plan), 관리 계획서
제품 개발과 양산 시 품질 목표를 충족하고
지속적으로 만족시키기 위하여 공정 순서를 정의하고,
공정별 관리 기준과 주요 6M 관리 방법을 요약하여 문서화한
정보. 관리 계획서의 제정이후 변경 사항 발생 시
변경관리 절차에 따라 개정되어야 함.

Baseline Specification, Mother Specification
관리계획서(CP)와 같은 의미이며, 일부 고객이 사용하는 용어임.
모든 단위 공정 표준의 근간이자 표준의 어머니와 같은
존재라는 의미.

RMA(Return Material 또는 Merchandise Authorization)
RMA는 '제품 반송 승인'이며, 이의 사용 양식이 RMA Sheet이다.
불량 분석 결과를 근거로 공급자가 고객에 제품 반송을 결정하여
통지하는 문서이다. 고객이 반송을 원할 경우
RMA Sheet를 요구할 수 있다.

Chapter 3

VOC(Voice Of Customer)
고객의 목소리. 고객과의 거래에 있어 고객으로부터 나오는
의견, 불만, 개선 요구 사항 등 고객 만족도를 평가하는 용어.

Process Mapping, 프로세스 지도
관리 계획서 상에서 문제와 연관된 공정의 흐름을 공급의 순서
또는 역순으로 간략히 그려보는 것.

히스토그램
체크시트에서 파악한 데이터를 가공하여 문제의 분포를
이해하기 쉽게 파악할 수 있도록 나타낸 그래프.

파레토 차트
경제학자 파레토(Pareto)의 80-20법칙을
문제와 원인 관계에 적용한 차트.

Correlation, Comparison
상관성과 비교 분석. 6M 중 해당 카테고리의 출력 변수끼리,
입력 변수끼리 또는 출력 대비 입력 변수끼리 비교하여
상관성을 분석하는 방법.

CP(Capability of Process)
공정 능력 지수. 공정 결과를 통계적으로 처리하여 지수 형태로
공정 능력을 평가하는 방법.

CPK(Capability of Process Katayori)
공정 산포와 공정 중심의 치우침(Katayori)을 고려한
공정 능력을 평가하는 지수.

OCAP(Out of Control Activity Plan)
SPC(통계적 공정 관리) 활동 중 관리 규격에서 벗어나거나
경향성이 바뀌는 이상 점(Out of Point)이 발견되면 신속히
그 원인을 조사하여 개선하는 절차.

FTA(Fault Tree Analysis)
문제가 발생했을 때 현상에 대한 원인을 파악해 나가는 모습이
나무처럼 생겼다고 해서 고장 목(나무) 분석이라고 한다.
불량, 고장, 재해 등 특정한 문제를 맨 위(Top Event)에 놓고
아래 방향으로 원인과 결과의 관계를 논리 기호로 나타내는
상-하(Top-Down) 문제 해결 기법.

생선 뼈 도표, Fishborn Diagram
문제와 원인 관계를 명확하게 밝히고자 할 때 사용하는 도구.
특성 요인도(Cause and Effect Diagram)와 같으며, 결과에 영향을
미치는 주요 원인을 계통으로 정리하여 원인을 규명.

브레인스토밍, Brainstorming
자유로운 분위기에서 참여자의 창조적인 아이디어를 끌어내어
문제 원인을 찾거나 해결 방안을 모색하는 대면 토론 기법.

산점도, Scatter Plot
생선 뼈 도표에서 파악된 특성과 다른 특성 또는 특성과 원인의

상관 관계를 조사하는 데 사용하는 도구이다.

층별 분석, Stratification
세부적인 원인 파악을 위해 사용하는 도구이다.
작업자, 기계, 재료, 작업 방법 등 요소별로 데이터 산포의
원인 인자(요인)들을 나누어 분석하는 방법이다.

Gage R&R (Repeatability & Reproducibility)
측정시스템 분석 활동을 통해 측정 시스템이
얼마나 신뢰할 만한 수준인지를 확인하는 방법 중의 하나이다.
계측기(측정 도구나 장비)와 계측자(사람)의 신뢰도를 평가한다.

Is/Is-Not
원인 분석 결과를 5W(Who, What, When, Where, Why) &
2H(How, How many)를 사용하여 D4 단계에서 비교법으로 정리한
워크시트를 활용한다. 수평 전개의 개념과 비슷하다.
문제(What)에 대해 잘못된 현상을 기술하고, 그 문제(What)가
어디서(Where), 언제(When), 얼마나(How Many) 발생했는지
동일 공장 내 다른 제품과 그 영향에 대해 비교하는 방식이다.

APQP(Advanced Product Quality Planning)
사전 제품 품질 기획. IATF16949의 5 Core Tool 중 하나로
제품이 고객 요구사항을 만족한다는 것을 보증하기 위하여
제품의 기획, 개발, 양산 단계에 이르기까지
필요한 단계를 정의하고 구조화한 방법.
제품 설계 및 개발 프로세스에 가깝다.

PPAP(Production Part Approval Process)
양산 부품 승인 절차. IATF16949의 5 Core Tool 중 하나로
생산 및 대량 자재를 포함하는 양산 부품 승인에 대한 일반적인
요구사항을 규정한다. 양산을 위한 신제품과
변경 제품 승인 프로세스에 가깝다.

Chapter 4

One Page 보고서
원인이 단순하고 명확한 문제에 대해
간략하게 작성할 수 있는 보고서의 형태이다.
매일 발생하는 공정 또는 출하 불량을 분석해야 할 때와
긴급 사안에 대해 즉시 현황 보고가 필요할 때 사용 가능하다.
복잡한 문제의 8D 보고서일 경우 요약 페이지로 활용할 수 있다.

8D Evaluation Sheet
8D가 올바르게 전개되었는지,
문제의 인과 관계와 메커니즘이 맞는지,
혹시 주관적인 판단이 개입되지는 않았는지
전문가 그룹에 의해 검증할 때 사용하는 도구.

8D 보고서

발행일 2024년 7월17일
지은이 류춘우
발행인 이수하
펴낸곳 마음시회

등록 2021년 4월 12일(제021-00012호)
주소 서울시 마포구 월드컵로 41-1 정일빌딩 4층
전화 02) 336-7462
팩스 0504) 370-4696
이메일 maumsihoe@naver.com

ⓒ류춘우 2024

값 29,000원
ISBN 979-11-982547-5-7 (13320)

잘못 만들어진 책은 바꾸어 드립니다.
이 책의 판권은 저자와 마음시회에 있습니다.
양측의 동의 없는 무단 전재와 복제를 금합니다.